Oh My Dog !

Thierry Poncelet

"Books may well be the only true magic."

Alice Hoffman

Colophon

Nassaustraat 40-42
2000 Antwerpen
België
info@tectum.be
+ 32 3 226 66 73
www.tectum.be

ISBN: 978-94-61580-33-7
WD: 2012/9021/05
(159)

Licensed by: MARLEX International S.A. (www.marlexint.com)
Texts: Fien Meynendonckx
Graphic Design: Sven Goewie
English translation: Thom Morrell
French translation: Carole Touati
All images: ©Thierry Poncelet - except: Page 24: ©Corbis/Anthony Redpath - Page 92: ©Corbis/Peter Barritt.

Printed in China.

Oh My Dog !

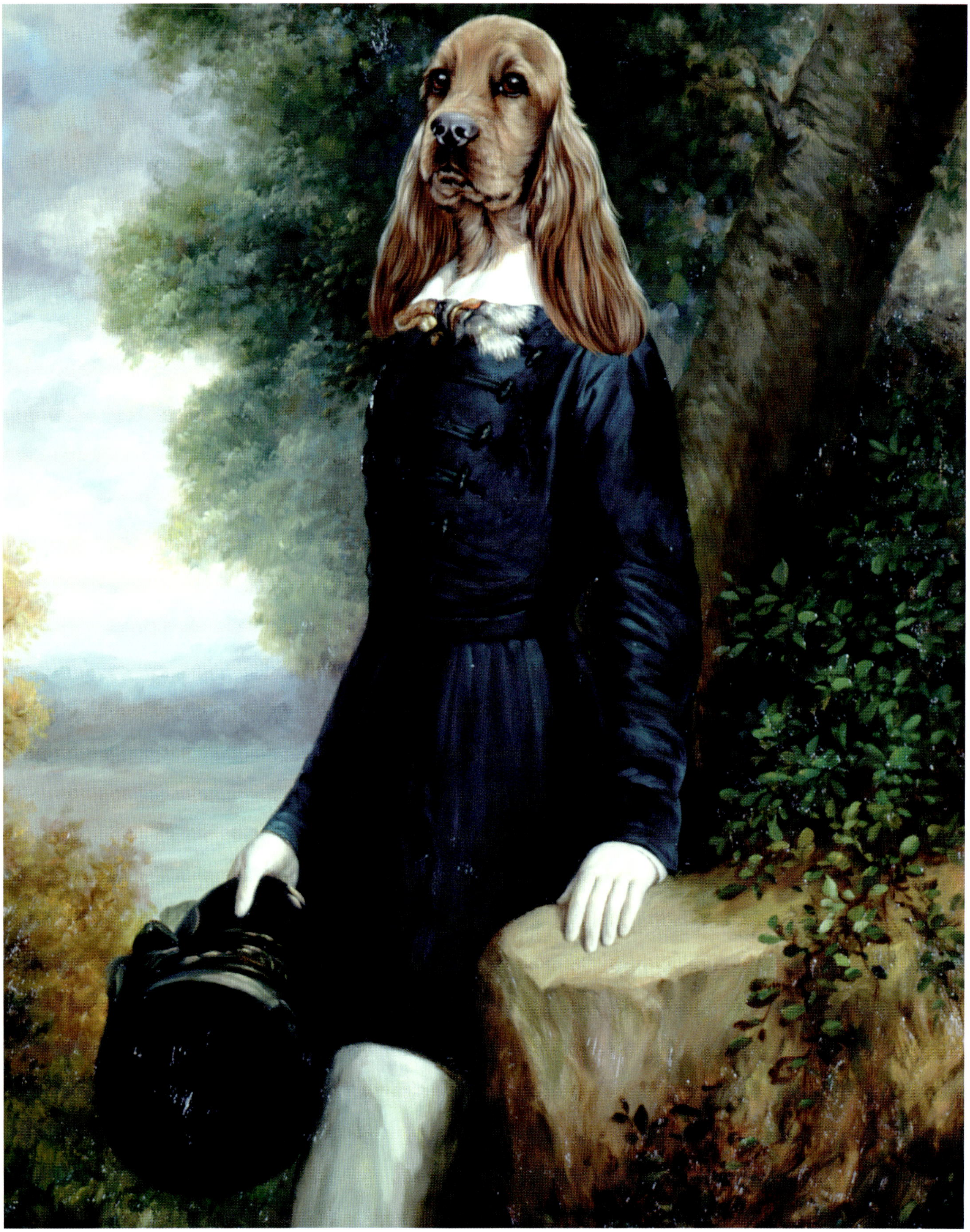

Oh My Dog !

Sinful dogs

One day, the Belgian painter, restorer and collector Thierry Poncelet makes a peculiar decision. Instead of simply restoring paintings, he replaces the human faces with dogs' heads. Due to the wildly enthusiastic responses from his surroundings, he has since been sniffing around antique dealers, flea markets and attics in search of forgotten nineteenth-century portraits. Poncelet's talent for psychology shines through his both funny and (so it seems) lifelike work. He flawlessly chooses a fitting race with a particular costume and a suitable expression with a certain posture, making the new version often more eloquent than the original. Surprisingly, his canine portraits offer a refreshing look on the little characteristics of mankind.

The dogs that we will come across in the following pages are thus nothing like the domesticated pets we are familiar with. Firstly, they dress better. And they speak. About their secrets, history, virtues and vices – with a notable preference for the latter. Their sins have a lot in common with ours. Moreover: nothing human is alien to them. With luck, we might even learn something from these noble barkers. And if not, we will have a couple good laughs on the way.

Chiens pécheurs

Un jour, le peintre et collectionneur belge, Thierry Poncelet, prit une drôle de décision. Au lieu de se contenter de restaurer les peintures, il remplaça les visages humains par des têtes de chien. L'accueil fut si enthousiaste de la part de son entourage, qu'il se mit à chiner chez les antiquaires, dans les marchés aux puces et les greniers à la recherche de portraits oubliés du XIXe siècle. Le talent de Poncelet pour la psychologie brille dans son œuvre à la fois amusante et (manifestement) réelle. Il marie adroitement une race et un costume, une expression et une posture, rendant la nouvelle version souvent plus éloquente que l'originale. Étonnamment, ses portraits canins offrent un regard rafraîchissant sur les petites spécificités du genre humain.

Les chiens que vous allez croiser dans les pages suivantes n'ont donc rien à voir avec les animaux domestiques que nous connaissons si bien. D'abord, ils s'habillent mieux. Et ils parlent. De leurs secrets, leur histoire, leurs vertus et leurs vices – avec une préférence particulière pour ces derniers. Leurs péchés sont très proches des nôtres. Mieux encore, rien d'humain ne leur est étranger. Avec un peu de chance, vous apprendrez même quelque chose sur ces nobles aboyeurs. Sinon, vous piquerez bien un ou deux fous rires sur le chemin.

Zondige Honden

De Belgische schilder, restaurateur en kunstverzamelaar Thierry Poncelet maakt op een dag een vreemde keuze. In de plaats van schilderijen op te knappen zonder meer, vervangt hij de menselijke gezichten door hondenkoppen. Wegens de dolenthousiaste reacties uit zijn omgeving gaat hij sindsdien op zoek naar vergeten negentiende-eeuwse portretten bij antiekhandelaars en op rommelmarkten en zolders. Uit zijn zowel grappige als (zo lijkt het) levensechte bewerkingen, blijkt Poncelets talent voor psychologie. Hij kiest feilloos een gepast ras bij een bepaald kostuum en een geschikte blik bij een lichaamshouding, waardoor de nieuwe versie vaak meer zegt dan het origineel zou kunnen. Verrassend genoeg bieden zijn hondse portretten een verfrissende kijk op de kleine kantjes van de mens.

De honden die we op de volgende pagina's te zien krijgen, zijn dus allesbehalve de tamme huisdieren die we kennen. Ten eerste kleden ze zich beter. En spreken ze. Over hun geheimen, verleden, deugden en ondeugden – met een opmerkelijke voorkeur voor het laatste. Hun zonden hebben heel wat weg van die van ons. Meer nog: helemaal niets menselijks is hen vreemd. Als het meezit kunnen we misschien zelfs wat leren van deze adellijke keffers. En zo niet, dan kunnen we er hoe dan ook flink om lachen.

“ I wonder if other dogs think poodles are members of a weird religious cult... “

Rita Rudner

<< Je me demande si d’autres chiens pensent que les caniches sont les membres d’un étrange cult religieux. >>
“Ik vraag me af of andere honden denken dat poedels tot een bizarre religieuze sekte behoren.”

Superbia

Pride - L'orgueil - Hoogmoed

Henry Hennery

"One morning, I woke up lying next to a dumb busty brunette with whom I had shared a passionate but meaningless night. My admiral's uniform was lying on the bidet, as if I had not worked for years to deserve it. The realisation came over me that I loved women – especially libertarian chicks – but loved myself even more. In an attempt to hold on to that thought, I decided to have my portrait painted."

« Un matin, je me suis réveillé aux côtés d'une brune plantureuse avec qui j'avais partagé une nuit passionnée mais bien futile. Mon uniforme d'amiral jonchait le bidet, comme si je n'avais pas travaillé pendant des années pour le mériter. J'ai soudain réalisé que j'aimais les femmes – surtout les nanas libertaires – mais que je m'aimais encore plus. C'est pour m'en tenir à cette pensée que j'ai décidé de me faire tirer le portrait. »

"Op een ochtend werd ik wakker naast een domme rondborstige brunette die me een hartstochtelijke maar nietsbetekenende nacht had bezorgd. Mijn admiraalsuniform lag over het bidet alsof ik er niet jaren voor had gewerkt. Het besef overviel me dat ik van vrouwen hield – vooral van libertijnse kippetjes – maar toch meer van mezelf. In een poging die gedachte vast te houden, besloot ik mijn portret te laten schilderen."

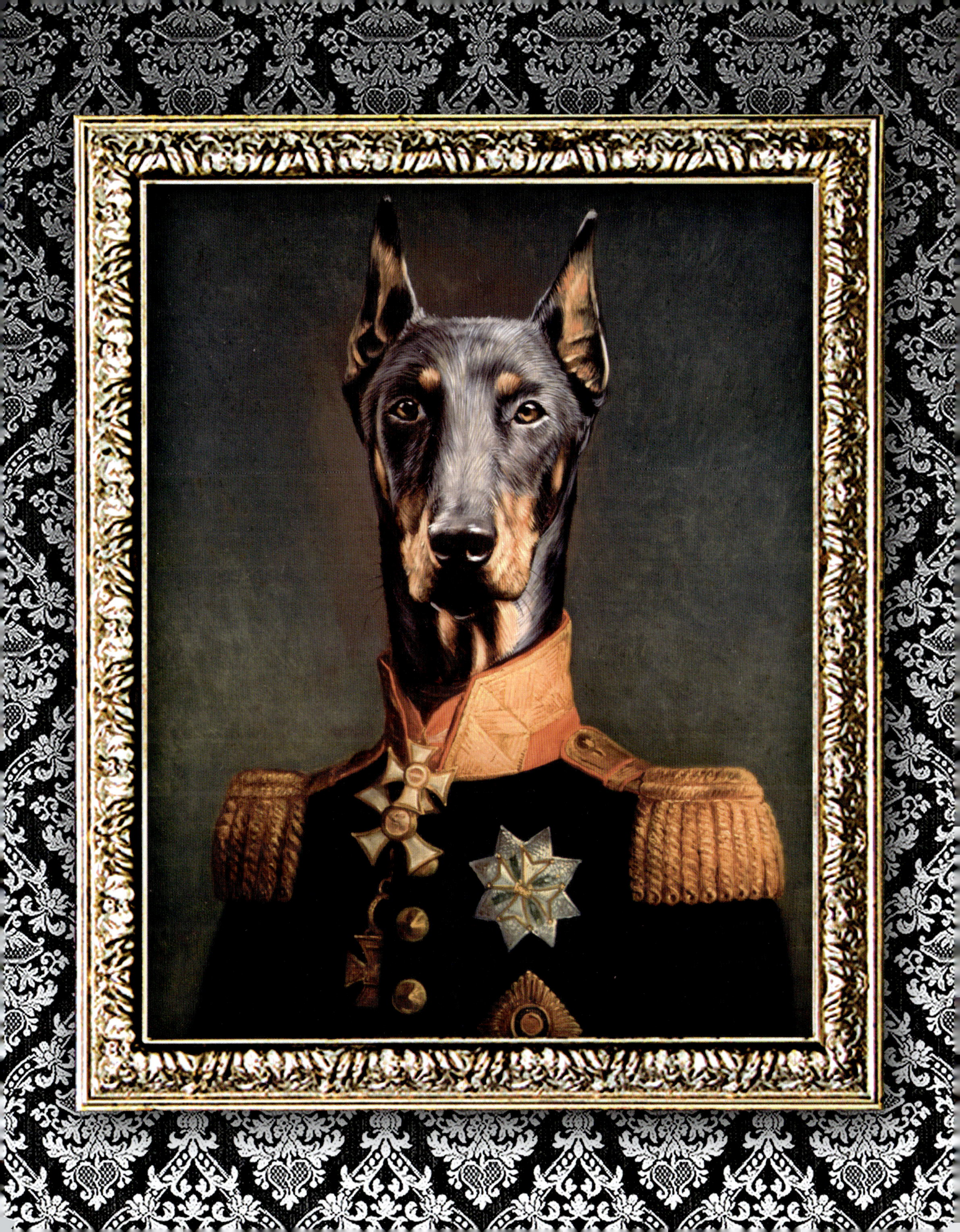

Lady Catherine de Pureté

"I defend my coat of arms with pride, and strictly watch over the reputation and honour of the unmarried females in my community. As the most important woman in the region and head of the Association For Humility and Duty, I try to protect them from shame and disgrace. If I do hear of any fornication, I put the young lady in question under house arrest on my estate for six months, and every evening at dinner, I will call upon her to live by my example."

« Je défends mon blason avec fierté et veille scrupuleusement à la réputation et à l'honneur des femelles célibataires de ma communauté. Étant la femme la plus importante de la région et chef de l'Association pour l'humilité et le devoir, j'essaie de les protéger de l'infamie et de la disgrâce. Si j'entends parler de fornication, j'assigne à résidence la jeune femme en question pendant six mois et, tous les soirs au dîner, je lui apprends à suivre mon exemple. »

"Ik verdedig mijn wapenschild met trots, en waak streng over de reputatie en eerbaarheid van de ongehuwde meisjes in mijn gemeenschap. Als belangrijkste vrouw van de streek en hoofd van de Vereniging Voor Nederigheid en Plicht, probeer ik hen te vrijwaren van schande en blamage. Hoor ik toch van enige ontucht, dan geef ik de jongedame in kwestie een halfjaar huisarrest op mijn landgoed alwaar ik haar elke avond bij het diner aanmaan naar mijn voorbeeld te leven."

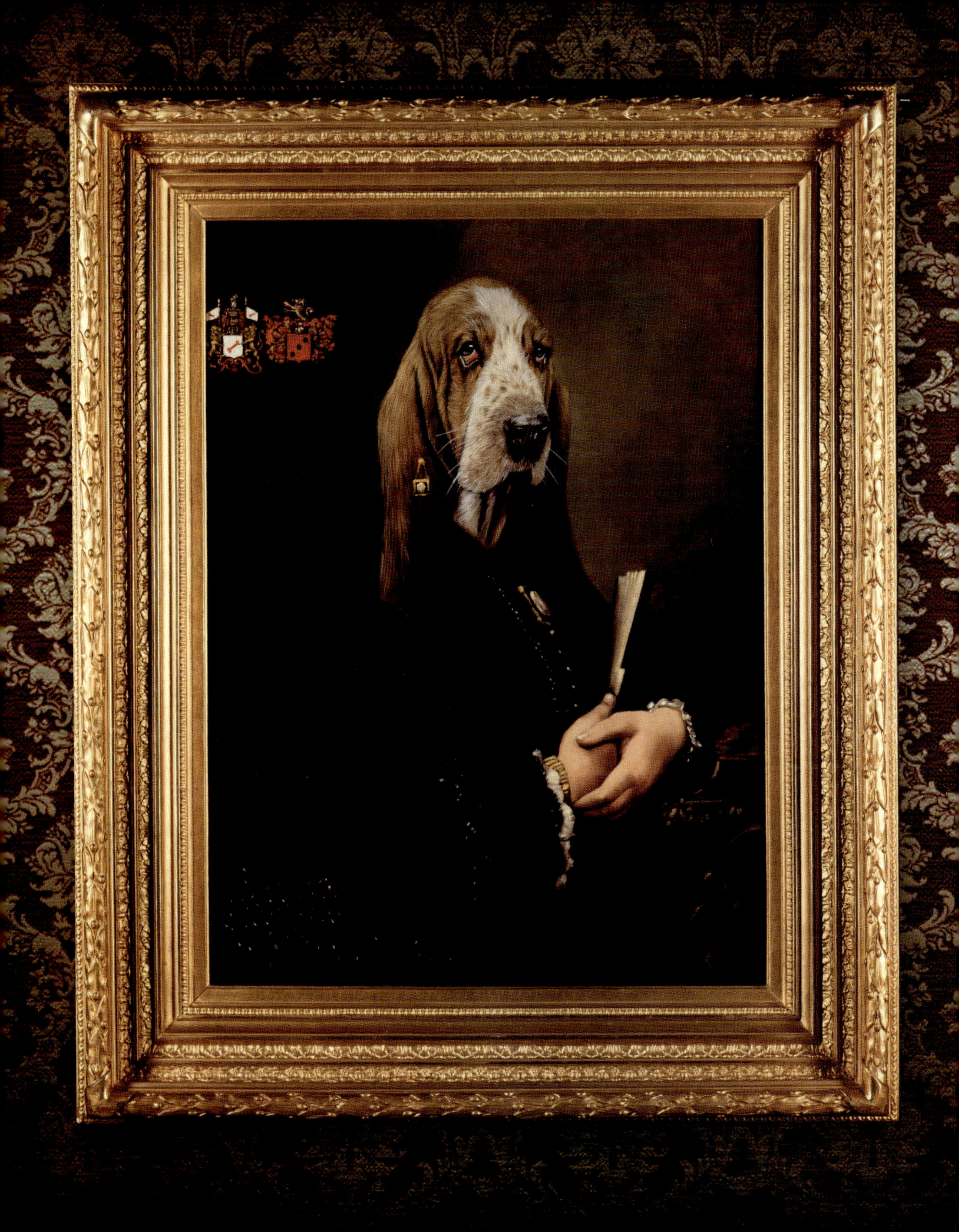

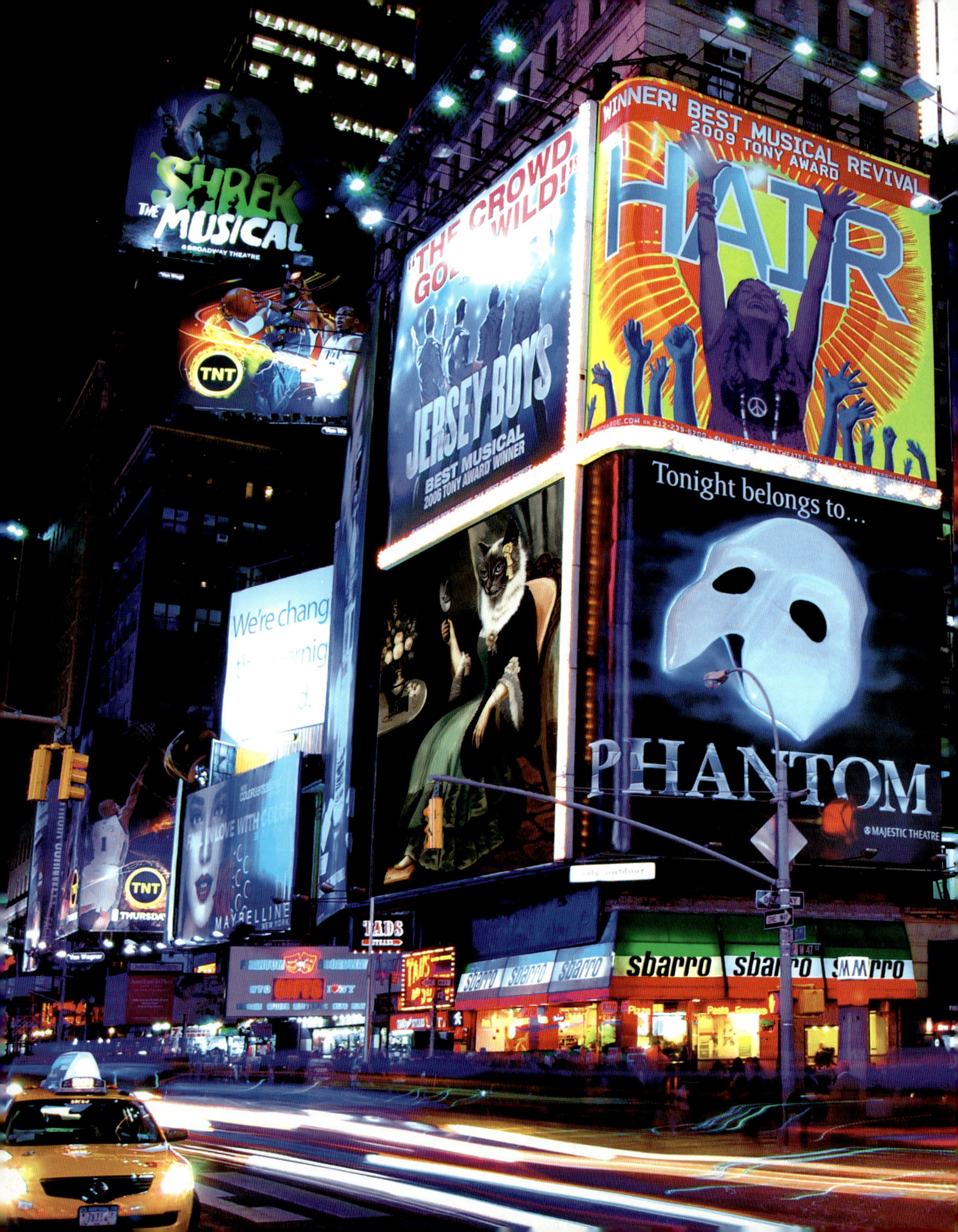
SHREK THE MUSICAL
"THE CROWD GOES WILD!"
JERSEY BOYS
BEST MUSICAL
2006 TONY AWARD WINNER
WINNER! BEST MUSICAL REVIVAL
2009 TONY AWARD
HAIR
Tonight belongs to...
PHANTOM
MAJESTIC THEATRE
TNT
We're chang
MAYBELLINE
sbarro

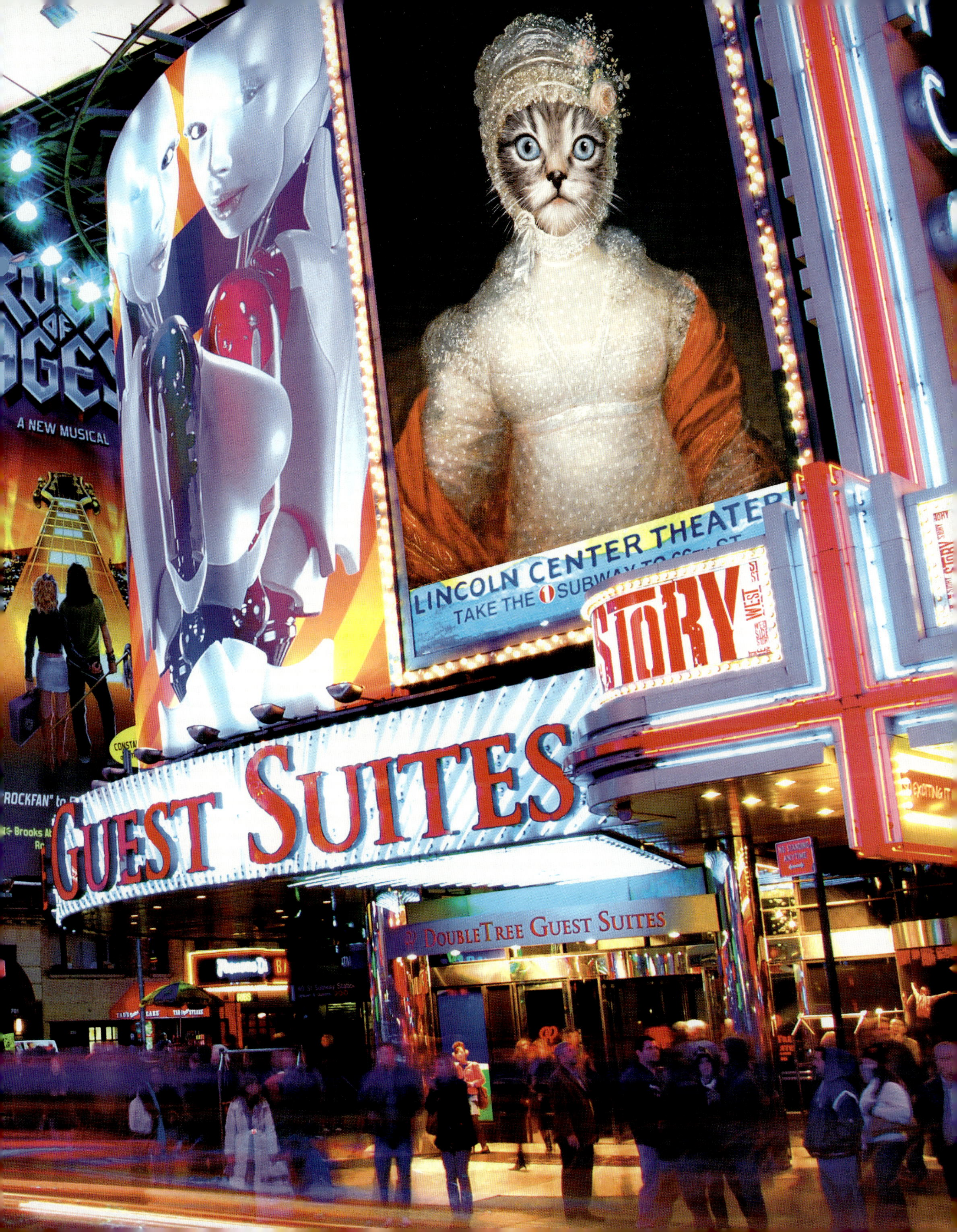
A NEW MUSICAL
LINCOLN CENTER THEATER
TAKE THE 1 SUBWAY
STORY
WEST
GUEST SUITES
DOUBLETREE GUEST SUITES

Bonnie Black

"When daddy's business partners used to visit, they would wink and say such things as "Well! What a sensual little bitch" or "Just give her a few more hot summers". These comments filled my father's heart with pride, and I was delighted with the attention of those old, rich men. Many hot summers have passed, and I'm still sensual. And a little bitch. Unfortunately, my proud father has passed away. And my eventual husband is more old than he is rich, and his breath stinks."

« Lorsque les associés de papa nous rendaient visite, ils s'exclamaient en se faisant des clins d'œil « Eh bien ! En voilà une jolie petite chienne bien sensuelle ! » ou encore « Tu vas voir d'ici quelques années ! » Ces commentaires faisaient la fierté de mon père ; il était ravi de l'attention que me portaient ces vieux hommes riches. Bien des années ont passé et je suis restée sensuelle. Et une petite chienne. Malheureusement mon cher père n'est plus là. Et mon dernier mari est plus vieux que riche et il a mauvaise haleine. »

"Toen vroeger de zakenpartners van papa op bezoek kwamen, knipoogden ze, en zeiden dingen als "Welaan! Wat een wulps teefje" of "Hier kom ik binnen een paar hete zomers terug". Vader hoorde de toespelingen vol trots aan, en ook ik werd verblijd door de aandacht van die oude, rijke mannen. Vele hete zomers zijn nu gepasseerd, en wulps ben ik nog steeds. Een teefje ook. Jammer genoeg is mijn fiere papa niet meer. Bovendien is mijn uiteindelijke echtgenoot meer oud dan rijk en stinkt hij uit zijn mond."

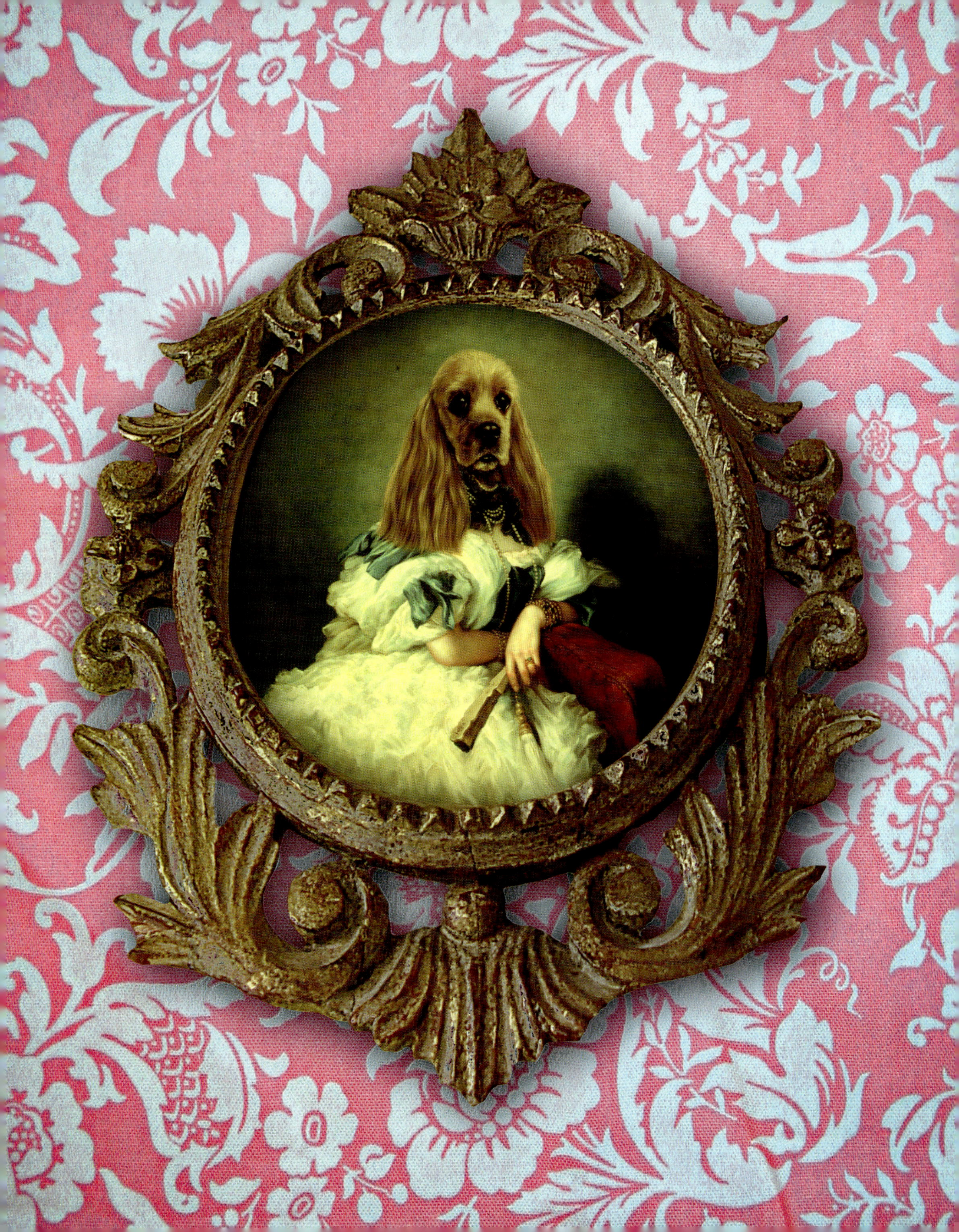

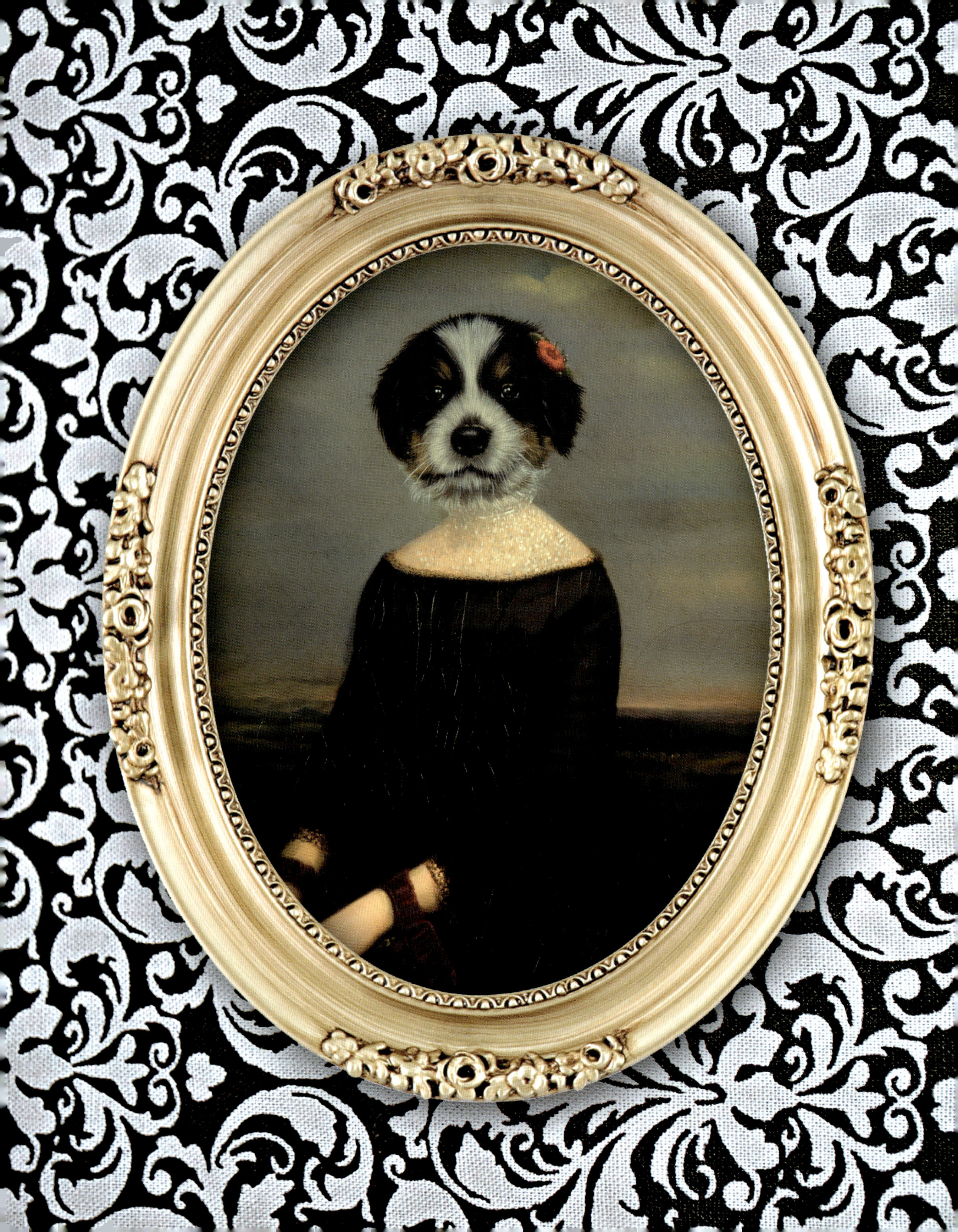

Lady Gagarin

"Just over three years ago, I heard rummaging noises in the kitchen around midnight. Wearing my nightgown, I crept down the stairs armed with the snow shovel, which I had come across in the hallway. Convinced that it was a dangerous killer standing by the stove, I crushed his skull without blinking an eye. It turned out to be the gardener who had forgotten his hedge shears. Now everyone thinks that he abruptly decided to run off into the wide world, although his wife quite rightly suspects that he is buried beside his beloved violets. Despite my stiff poker face."

« Il y a tout juste trois ans, il était près de minuit lorsque j'ai entendu des bruits dans la cuisine. En chemise de nuit, je suis descendue armée d'une pelle à neige que j'avais trouvée dans le couloir. Persuadée que celui qui se tenait près de la cuisinière était un redoutable tueur, je lui ai fracassé le crâne sans sourciller. C'était en fait le jardinier qui avait oublié son sécateur. Maintenant, tout le monde pense qu'il s'en est allé parcourir le monde, même si sa femme suspecte à raison qu'il est enterré sous ses violettes qu'il chérissait tant. Et ce en dépit de mon visage impassible. »

"Iets meer dan drie jaar geleden hoorde ik rond middernacht gestommel in de keuken. Ik sloop in mijn nachtpon naar beneden, gewapend met de sneeuwschuiver die ik op mijn pad wist mee te grissen. Ervan overtuigd dat er een gevaarlijke moordenaar bij mijn fornuis stond, sloeg ik hem zonder twijfelen de schedel in. Het bleek de tuinman die zijn snoeischaar was vergeten. Iedereen denkt nu dat hij plotseling de wijde wereld in trok, al vermoedt zijn vrouw terecht dat hij naast zijn geliefde viooltjes begraven ligt. Ondanks mijn strakke pokerface."

Eli, Camelia & Junior Antonov

"When I was expecting Junior, I started pregnancy yoga lessons to ensure I would regain my figure as soon as possible after giving birth. Ever since, I have become so zen that I don't keep up with my household chores anymore. The dirty dishes of the last ten days? Unwashed paintbrushes? Cobwebs on the ceiling? With the exception of Junior's dirty diapers, I couldn't care less about any of it. Eli may well have a busy job as an engineer, but he really should help out at home. I am a mother. And thus in a constant state of self-realisation."

« Lorsque j'étais enceinte de Junior, j'ai commencé à prendre des cours de yoga de grossesse afin de récupérer ma silhouette le plus vite possible après l'accouchement. Depuis, je suis tellement zen que je ne me soucie guère des tâches ménagères. Les assiettes sales de ces dix derniers jours ? Les pinceaux pas lavés ? Les toiles d'araignée au plafond ? À l'exception des couches de Junior, tout m'est égal. Eli a beau être pris par son travail d'ingénieur, il pourrait m'aider à la maison. Je suis une mère. Et par conséquent dans un état constant de réalisation de mon moi profond. »

"Toen ik in verwachting raakte van Junior startte ik lessen zwangerschapsyoga teneinde mijn mooie lijn na de bevalling snel weer terug te krijgen. Sindsdien ben ik zo zen dat er in het huishouden niets meer gebeurt. Een vuile vaat van tien dagen? Ongewassen schildersborstels? Spinnenwebben tegen het plafond? Buiten Juniors vuile luiers kan het me allemaal niets schelen. Eli heeft dan wel een drukke baan als ingenieur, hij mag daarnaast heus ook wat helpen thuis. Ik ben al moeder. En dus in een constante staat van zelfverwerkelijking."

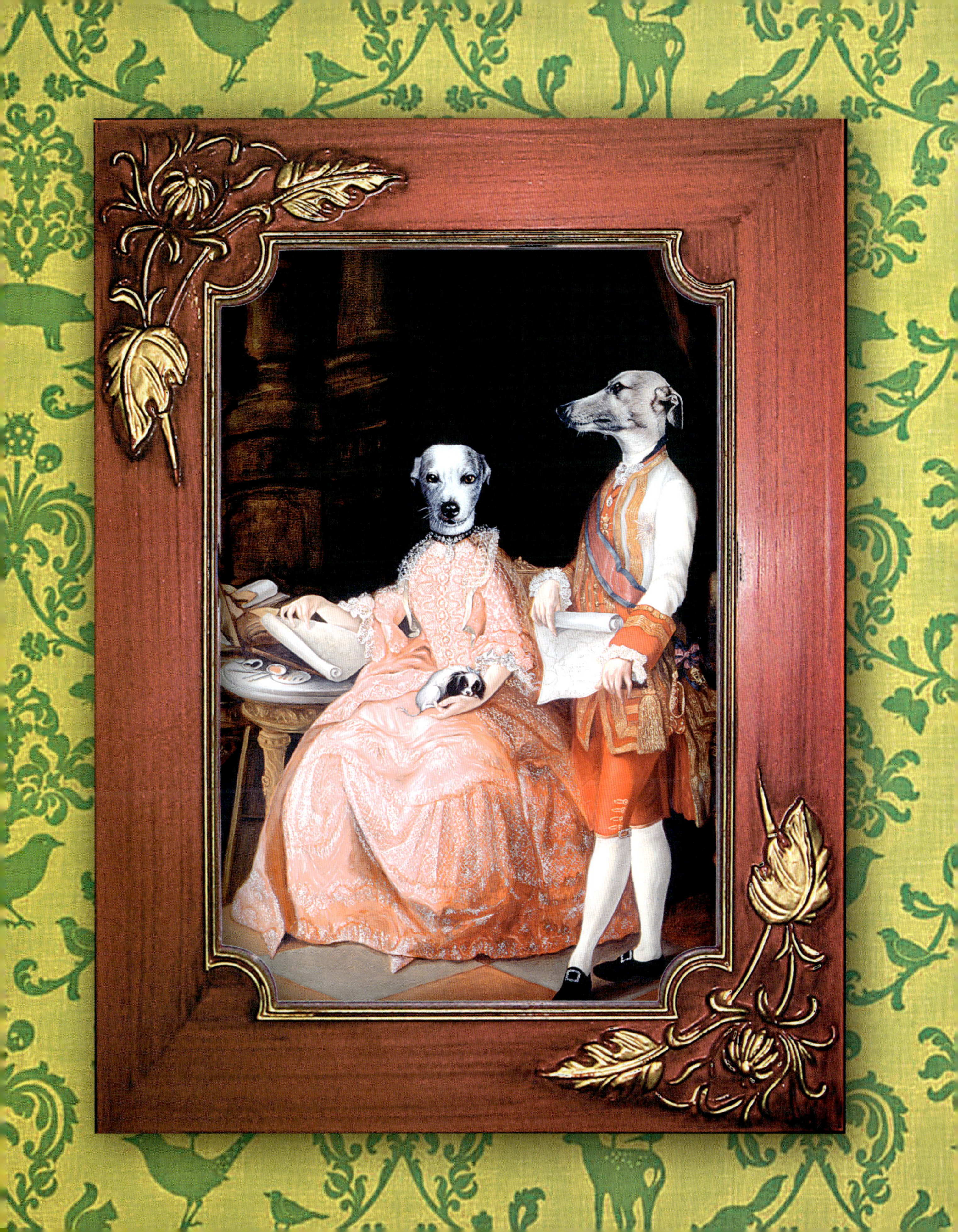

Fernando Batseba y Ramón

"It is not easy to be a judge. I am not familiar with humour and fun. In Spain people say "Su Señoria" when they address me. This provides me a certain amount of joy. When, after the trial of Frida Frickel, I became known as the most righteous judge in Europe, the painter Poncelet visited me. Because his work is serious, I let him paint my portrait."

« Juge n'est pas un métier facile. Je ne suis pas familier avec l'humour et l'amusement. En Espagne, les gens s'adressent à moi en me disant « Su Señoría ». Cela me procure une certaine joie. Quand à la fin du procès de Frida Frickel, on m'a désigné comme le juge le plus intègre d'Europe, le peintre Poncelet est venu me rendre visite. Son travail étant sérieux, je l'ai autorisé à me tirer le portrait. »

"Het is niet eenvoudig rechter te zijn. Humor en plezier zijn mij vreemd. In Spanje zeggen ze "Su Señoria" wanneer ze tegen me spreken. Daar schep ik enige vreugde in. Toen ik na het proces tegen Frida Frickel bekend werd als de meest rechtschapen rechter van Europa, kwam de schilder Poncelet me bezoeken. Daar zijn werk serieus is, heb ik me door hem laten portretteren."

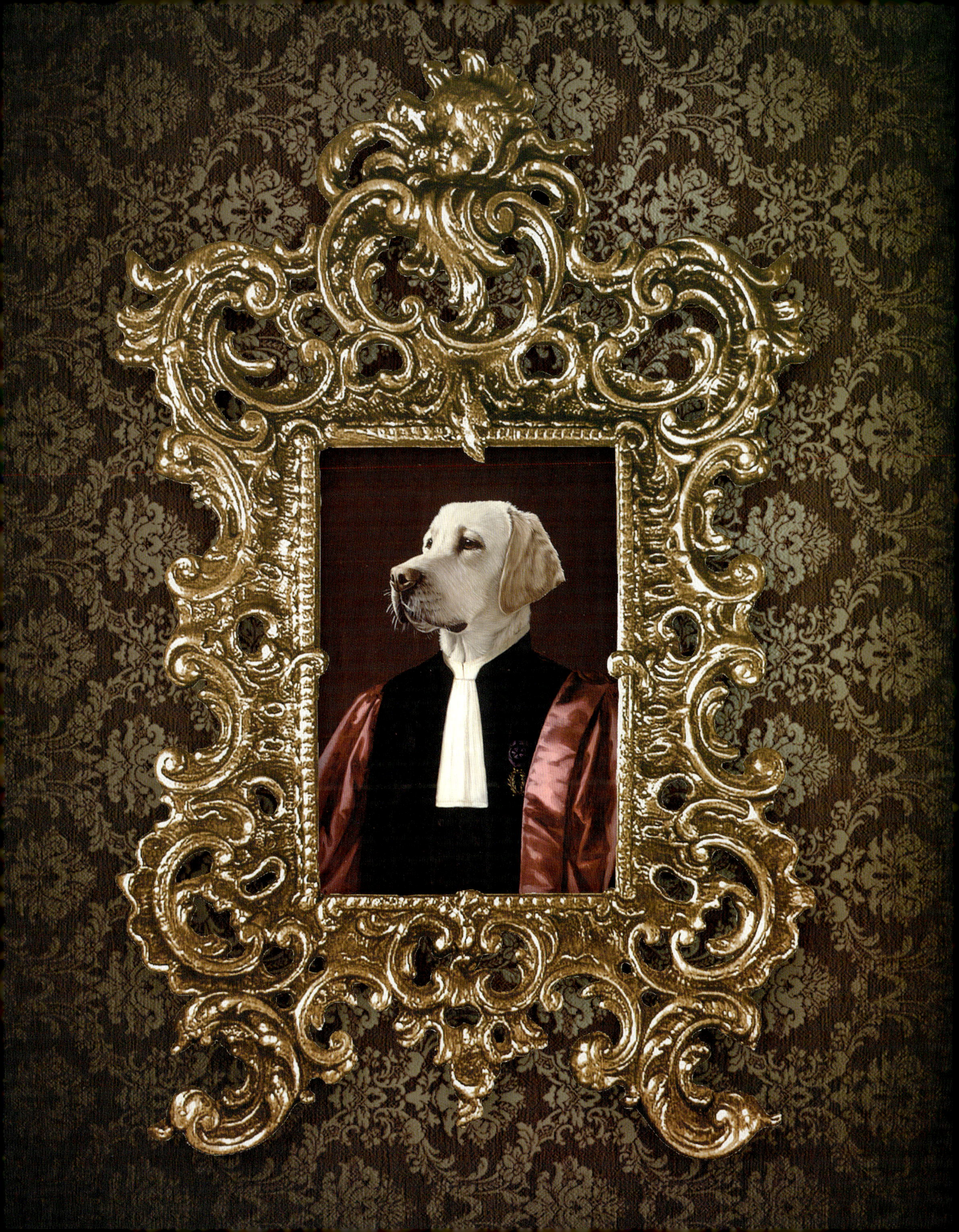

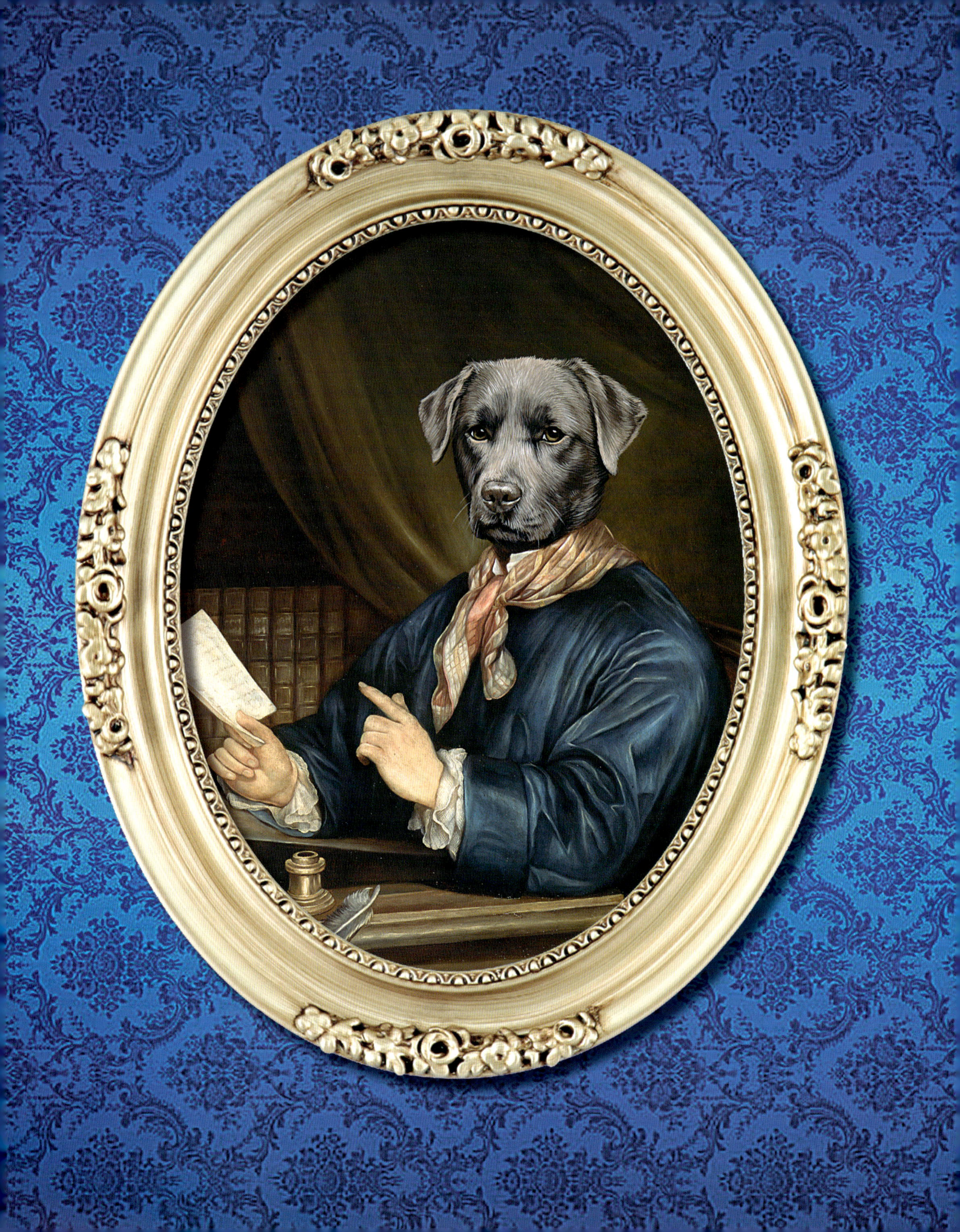

Candide du Châtelet

"Things I can talk about for hours: coffee, perpetual motion, alchemy and the philosopher's stone, Austrian black pudding, the gavotte, corsets, the man in the moon and Rousseau's theatre. I like to listen to myself, though experience has taught me that others also find my lectures interesting. Whilst posing for my portrait, Mr Poncelet was amazed by my irrepressible knowledge. He told me that it even made him paint much quicker. And so it is proven: everyone benefits from my talent."

« Voici ce dont je peux parler pendant des heures : le café, le mouvement perpétuel, l'alchimie et la pierre philosophale, le boudin noir autrichien, la gavotte, les corsets, l'homme sur la lune et le théâtre de Rousseau. J'aime m'écouter, même si l'expérience m'a démontré que les autres trouvent aussi mes lectures intéressantes. Tandis que je posais pour mon portrait, M. Poncelet était impressionné par mon intarissable savoir. Il m'a dit que cela lui permettait même de peindre beaucoup plus vite. C'est donc indéniable : tout le monde profite de mon talent. »

"Waar ik uren over kan praten: koffie, perpetuum mobile, alchemie en de steen der wijzen, Oostenrijkse bloedworst, de gavotte, korsetten, de man in de maan en het theater van Rousseau. Ik luister graag naar mezelf, al weet ik uit ervaring dat ook anderen mijn verhandelingen interessant vinden. Tijdens het poseren voor mijn portret heb ik de heer Poncelet verbaasd met mijn onstuitbare kennis. Hij begon er naar eigen zeggen zelfs sneller van te schilderen. Zo blijkt: iedereen heeft baat bij mijn begaafdheid. "

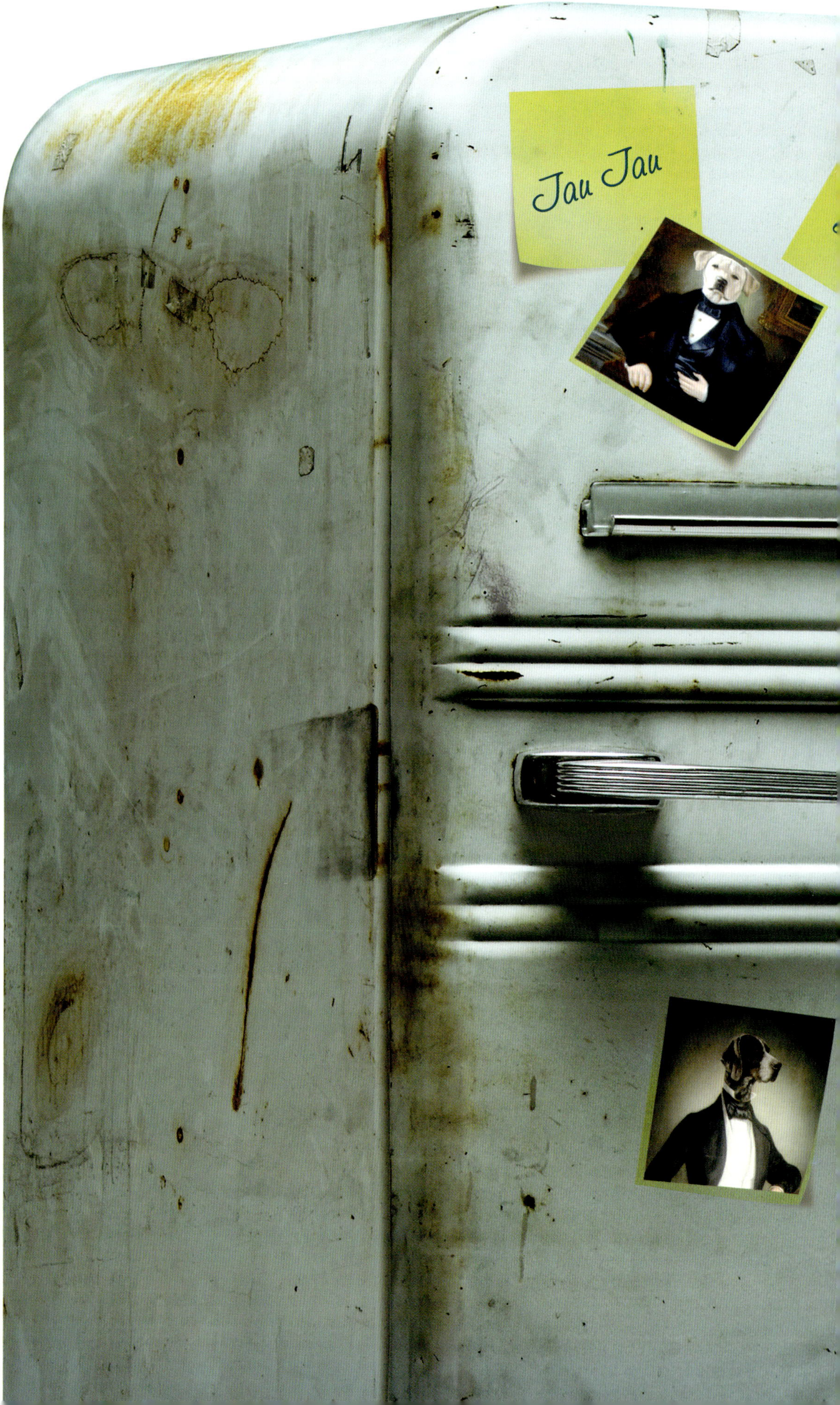
Jau Jau

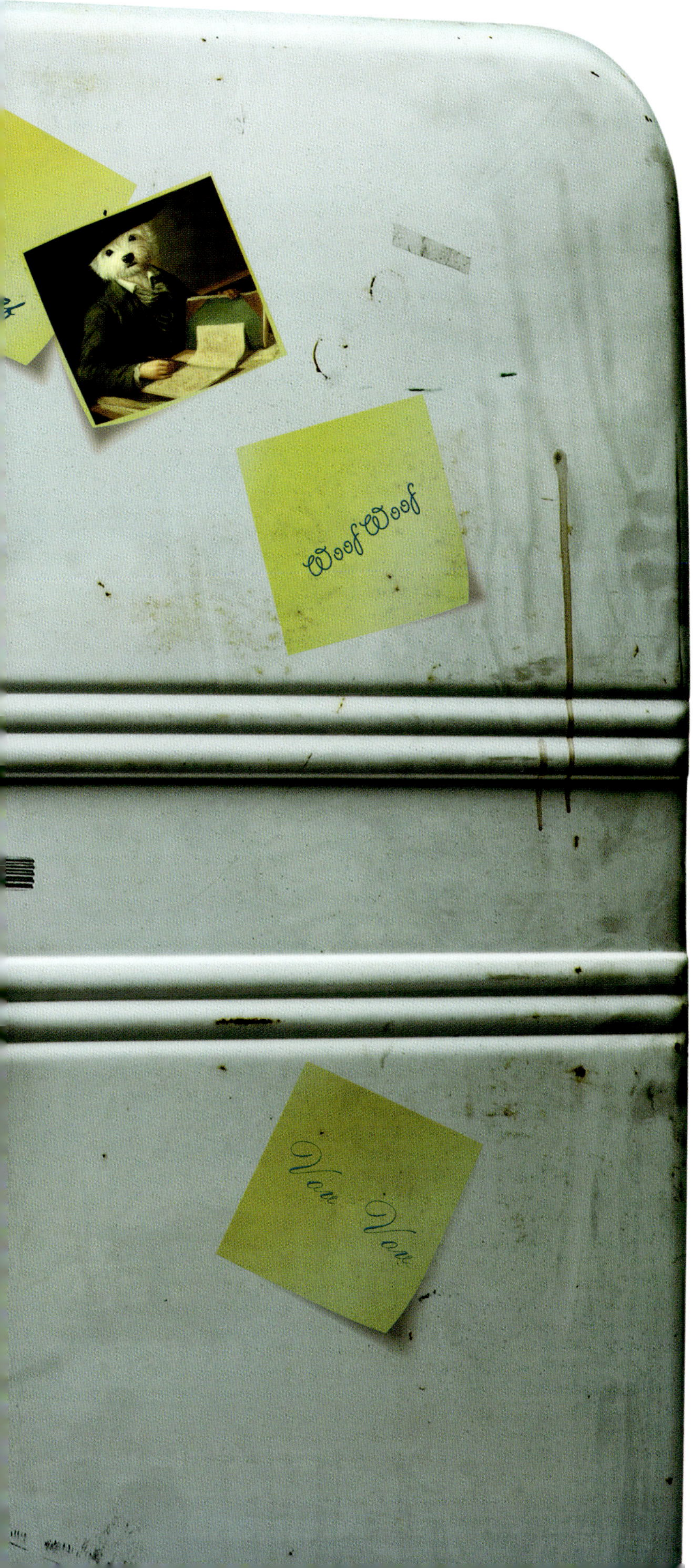
Woof Woof

Tibout Linkers

"It was during a painters' convention in Amsterdam, at the stand with the 'cat tongue' brushes, that I met my Belgian colleague Thierry Poncelet. We had both heard of each other's reputation and therefore immediately decided to paint each other's portraits. It is not surprising that soon a bond was formed between us. Nowadays, we are more friends than colleagues, more companions than rivals. The jacket I am wearing in my portrait belongs to Thierry. In return, in his painting he is wearing my hat with pheasant feather."

« C'est lors d'un congrès de peintres à Amsterdam, au stand des pinceaux langue de chat, que j'ai rencontré mon collègue belge, Thierry Poncelet. Ayant chacun entendu parler de la réputation de l'autre, nous avons tout de suite décidé de peindre mutuellement nos portraits. C'est sans surprise que des liens se sont tissés. Aujourd'hui, nous sommes plutôt des amis que des collègues, plutôt des compagnons que des rivaux. La veste que je porte sur mon portrait appartient à Thierry. En échange, sur le sien, il porte mon chapeau à plume de faisan. »

"Op een schildersbeurs in Amsterdam, aan de stand met kattentong penselen, ontmoette ik mijn Belgische collega Thierry Poncelet. Wij hadden beiden van elkaars naam en faam gehoord en besloten dan ook terstond van mekaar een werk te maken. Het is niet moeilijk dat er zich al snel een band tussen ons vormde. We zijn vandaag meer vrienden dan collega's, meer kompanen dan concurrenten. De mantel die ik in mijn portret draag, is die van Thierry. Hij draagt op zijn schilderij dan weer mijn strohoed met fazantenveer."

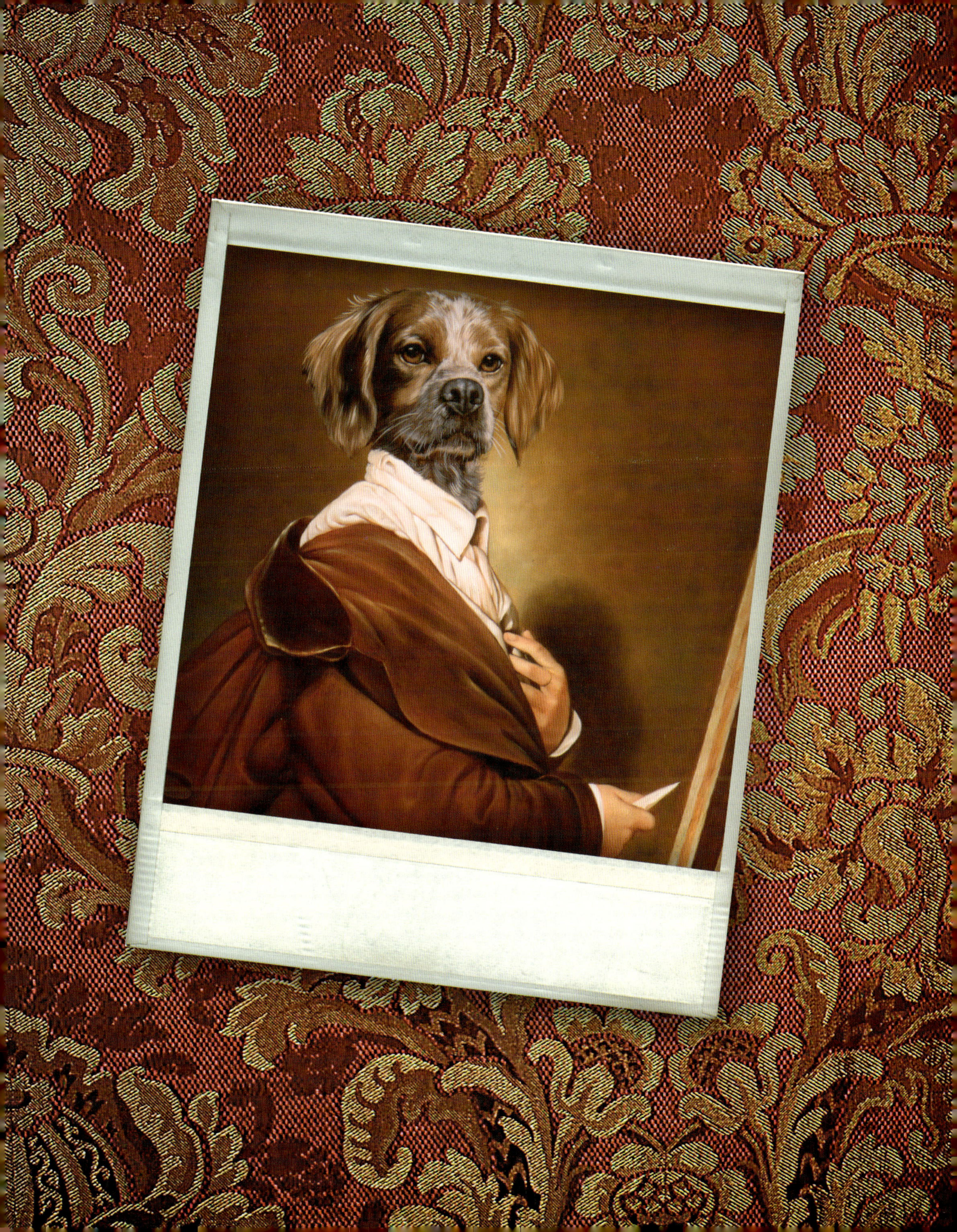

Basil Hilton

"I don't like to talk about myself. My staff – who will tell you they're underpaid, and they're not wrong – probably thinks I'm a bully. Which I am not. I am a cheerful chap and my jokes are certainly not bad, though crude at times, this I admit. You know, we should all voice our frank opinions more often! I can, by the way, easily touch my toes. Entirely beside the point, but still worth mentioning, I believe."

« Je n'aime pas parler de moi. Mon personnel – ils vous diront tous qu'ils sont sous-payés, ce qui n'est pas faux – pense sans doute que je suis un tyran. Ce n'est pas vrai. Je suis un chouette type et mes plaisanteries sont loin d'être mauvaises, même si elles sont parfois grossières, je l'admets. Vous savez, nous devrions tous exprimer franchement nos opinions plus souvent ! Au fait, j'arrive facilement à toucher mes orteils. C'est hors sujet mais ça mérite d'être dit, à mon avis. »

"Ik praat niet graag over mezelf. Mijn personeel – dat onderbetaald is, zal het u vertellen, en het heeft geen ongelijk – vindt mij waarschijnlijk een bullebak. Wat ik niet ben. Ik ben een vrolijke Frans en mijn moppen zijn zeker niet slecht, hoewel soms wat grof, dat geef ik toe. Ach, we zouden allemaal wat vaker onze ongezouten mening moeten geven! Ik kan overigens zonder problemen mijn eigen tenen aanraken. Volledig naast de kwestie, maar toch ook het vermelden waard, mag ik denken."

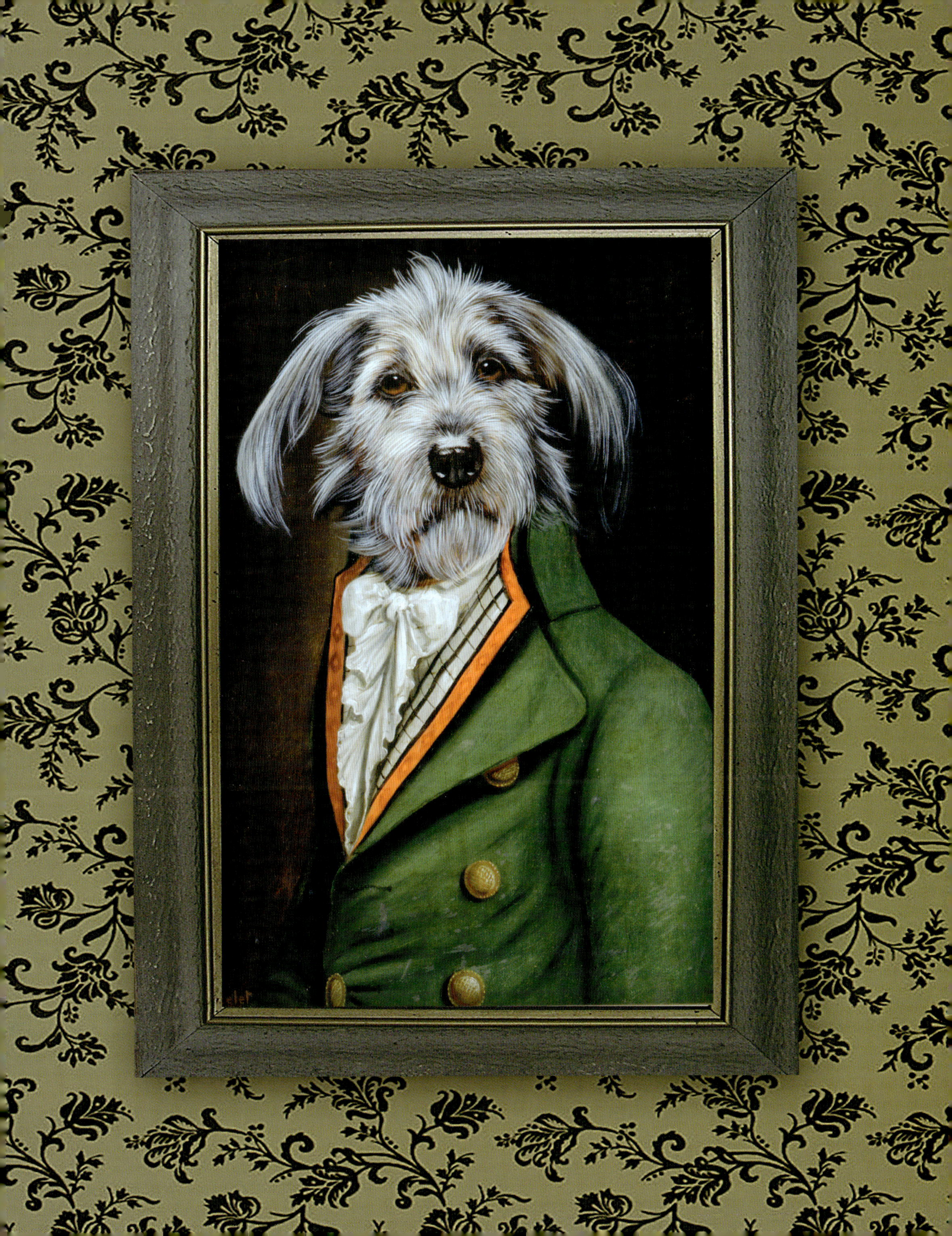

" Dogs lead a nice life,
you never see a dog with a wristwatch..."

George Carlin

<< Les chiens ont une vie agréable. Vous ne verrez jamais un chien porter une montre. >>
"Honden leiden een aangenaam leven. Je ziet nooit een hond met een polshorloge."

Avaritia

Greed - L'avarice - Hebzucht

Ernst Everett

"When I was seven, the whole family and I made the crossing from England to the United States. About halfway, I pushed my youngest sister off the boat because she had stolen a bar of chocolate with images of Kipling's *Jungle Book* on the wrapper from my jacket pocket. Now she is 32 years old, but mute and has a paralyzed right eyelid. I refuse to admit that it was my fault, but still cannot look her in the left eye."

« Lorsque j'avais sept ans, ma famille et moi avons fait la traversée entre l'Angleterre et les États-Unis. À mi-chemin, j'ai poussé ma plus jeune sœur hors du bateau parce qu'elle avait volé dans la poche de mon blouson une barre de chocolat avec des images du *Livre de la Jungle* de Kipling sur l'emballage. Aujourd'hui, elle a trente-deux ans mais elle est muette et sa paupière droite est paralysée. Je refuse d'admettre que c'est de ma faute mais je n'arrive toujours pas à la regarder dans l'œil gauche. »

"Toen ik zeven was, maakten we met de hele familie de oversteek van Engeland naar de Verenigde Staten. Ergens halverwege duwde ik mijn jongste zusje van de boot omdat ze een reep chocolade met afbeeldingen uit *the Jungle Book* van Kipling op het papiertje, uit mijn jaszak had gestolen. Ze is ondertussen 32 jaar, maar stom en verlamd aan haar rechterooglid. Ik weiger toe te geven dat het mijn schuld is, maar durf haar nog steeds niet in het linkeroog te kijken."

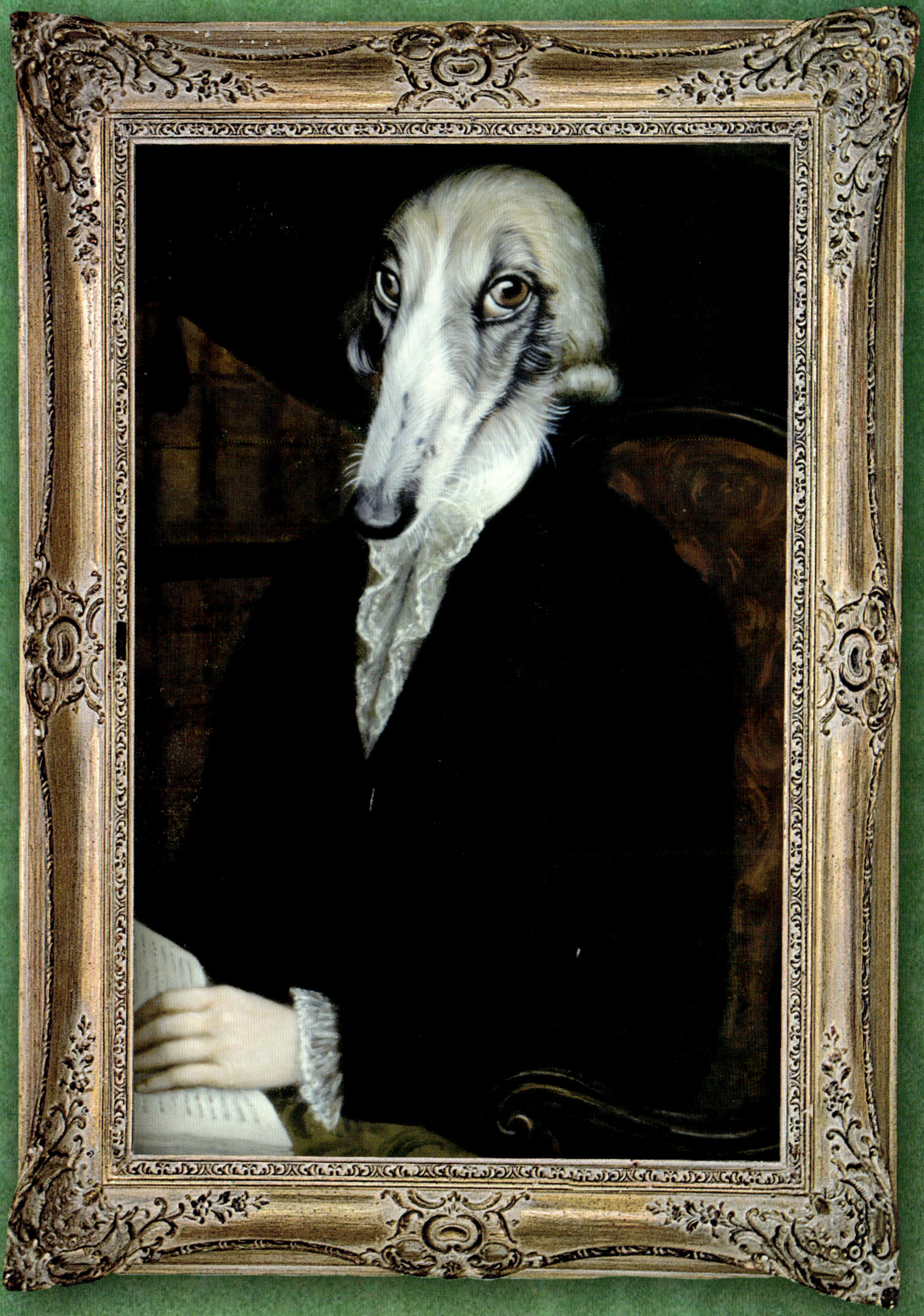

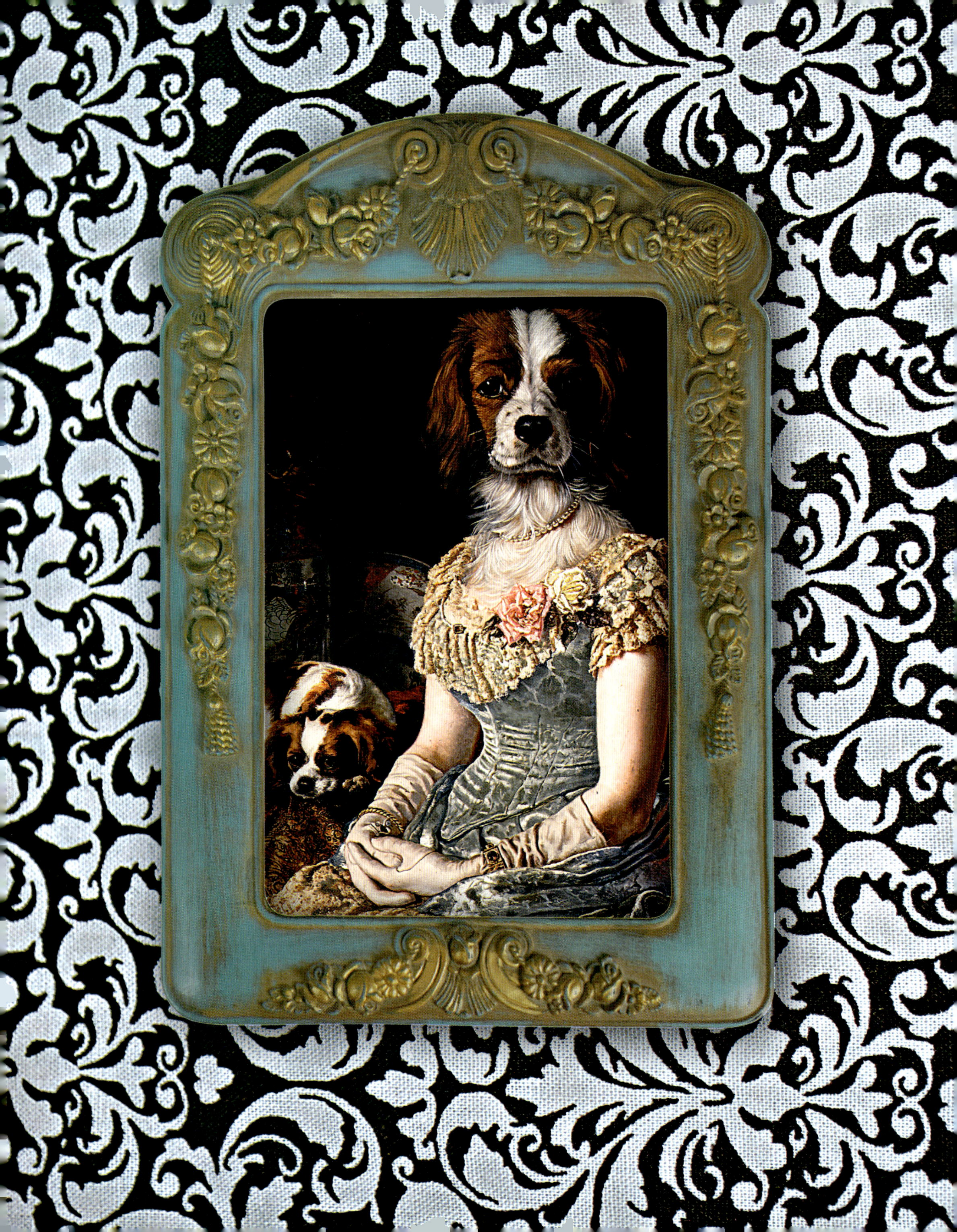

Phyllis Greene

"They call me spoiled, but I do not agree. Spoiled is when you get what you don't deserve. All the things I have received in my life, are due to my beautiful figure and my silky face. You may perhaps think that this has no value, but it is not because you were born with elegance, that you will always remain this way. It requires a lot of attention and dedication.
And if I receive something in return for this – a satin dress or a silver-grey pony – I think it is only fair."

« On dit de moi que je suis gâtée, mais je ne suis pas d'accord. Être gâté c'est obtenir ce que l'on ne mérite pas. Tout ce que j'ai obtenu dans ma vie c'est grâce à ma belle silhouette et mon doux visage. Vous pensez peut-être que cela ne compte pas, mais ce n'est pas parce que vous êtes née élégante que vous allez forcément le rester. Cela nécessite beaucoup d'attention et de travail. Et si je reçois quelque chose en échange – une robe en satin ou un poney gris argenté – ce n'est que justice. »

"Ze noemen mij verwend, maar daar ga ik niet mee akkoord. Verwend ben je, als je krijgt wat je niet toekomt. Wat ik in mijn leven heb gekregen, heb ik te danken aan mijn prachtige figuur en mijn zijdezachte gezichtje. U mag dat misschien geen verdienste noemen, maar het is niet omdat je elegant geboren wordt, dat je ook zo blijft. Dat vereist heel wat aandacht en toewijding. Dat ik daar dan iets voor krijg – een satijnen jurk of een zilvergrijze pony – vind ik evident."

The Duke of Darlington

"We, the Duke of Darlington in the Northeast of the United Kingdom of Englishmen, are in a precarious situation. We held a lottery among our subjects in the holy assumption that no mortal would dare submit the 6-6-6 combination. This was not taking two illiterate peasants into account. It will be a cold day in Hell before we even contemplate sharing our fortune with them. Instead, we'll have them arrested for devil-worshipping."

«Nous, le Duc de Darlington du nord-est du Royaume-Uni des Anglais, nous trouvons dans une situation précaire. Nous avons organisé une loterie parmi nos sujets en partant de l'hypothèse sacrée qu'aucun mortel n'oserait jouer la combinaison 6-6-6. C'était sans compter sur deux paysans illettrés. Il fera froid en Enfer avant que nous ne décidions de partager notre fortune avec eux. Allons plutôt les faire arrêter pour diabolisme. »

"Wij, hertog van Darlington in het Noordoosten van het Verenigde Koninkrijk der Engelsmannen, bevinden ons in een penibele situatie. Wij hebben een loterij gehouden onder onze onderdanen, in de heilige veronderstelling dat geen sterveling de combinatie 6-6-6 zou durven indienen. Dat was buiten twee analfabete boerenpummels gerekend. Geen haar op ons doorluchtige hoofd denkt eraan ons fortuin met hen te delen. Dan maar laten arresteren voor duivelaanbidding."

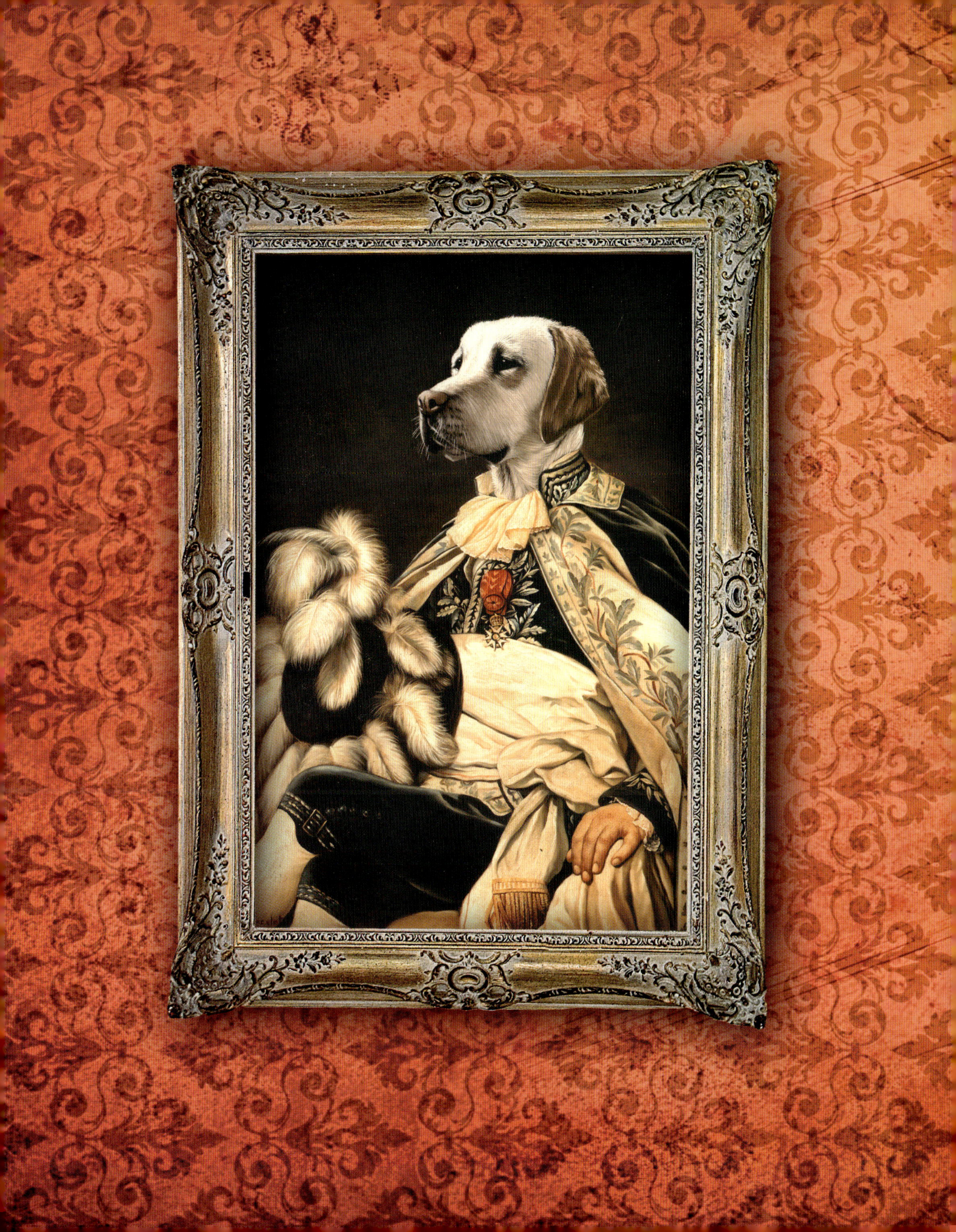

Friedrich Nidetch

"My situation is one of permanent alertness. I must constantly pull in my stomach, in order not to lose my credibility. I made my fortune as the director of a multinational company, specialised in brainwashing women. We make them believe in the fact that they are overweight, and in the promise that whatever product we sell (clothing, drinks, gymnastic equipment, cigarettes) will rescue them from their state of plumpness. Both the first and the last statements are of course based on pure lies."

« Je suis constamment en alerte. Je passe mon temps à rentrer le ventre afin de ne pas perdre ma crédibilité. J'ai fait fortune en tant que directeur d'une multinationale spécialisée dans le lavage de cerveau féminin. Nous leur faisons croire qu'elles sont grosses et que n'importe quel produit que nous vendons (vêtements, boissons, matériel de gymnastique, cigarettes) les sauvera de leur embonpoint. La première et la dernière affirmation ne sont bien entendu que de vrais mensonges. »

"Mijn toestand is er een van constante alertheid. Ik moet voortdurend mijn buik intrekken, teneinde mijn geloofwaardigheid niet te verliezen. Ik maakte mijn fortuin als bestuurder van een multinational, gespecialiseerd in het brainwashen van vrouwen. We doen ze geloven in hun eigen overgewicht, en in de belofte dat eender wat wij verkopen (kleren, drankjes, turntoestellen, sigaretten) hen uit die staat van lijvigheid zal ontheffen. Zowel de eerste als de laatste bewering berusten natuurlijk op louter leugen."

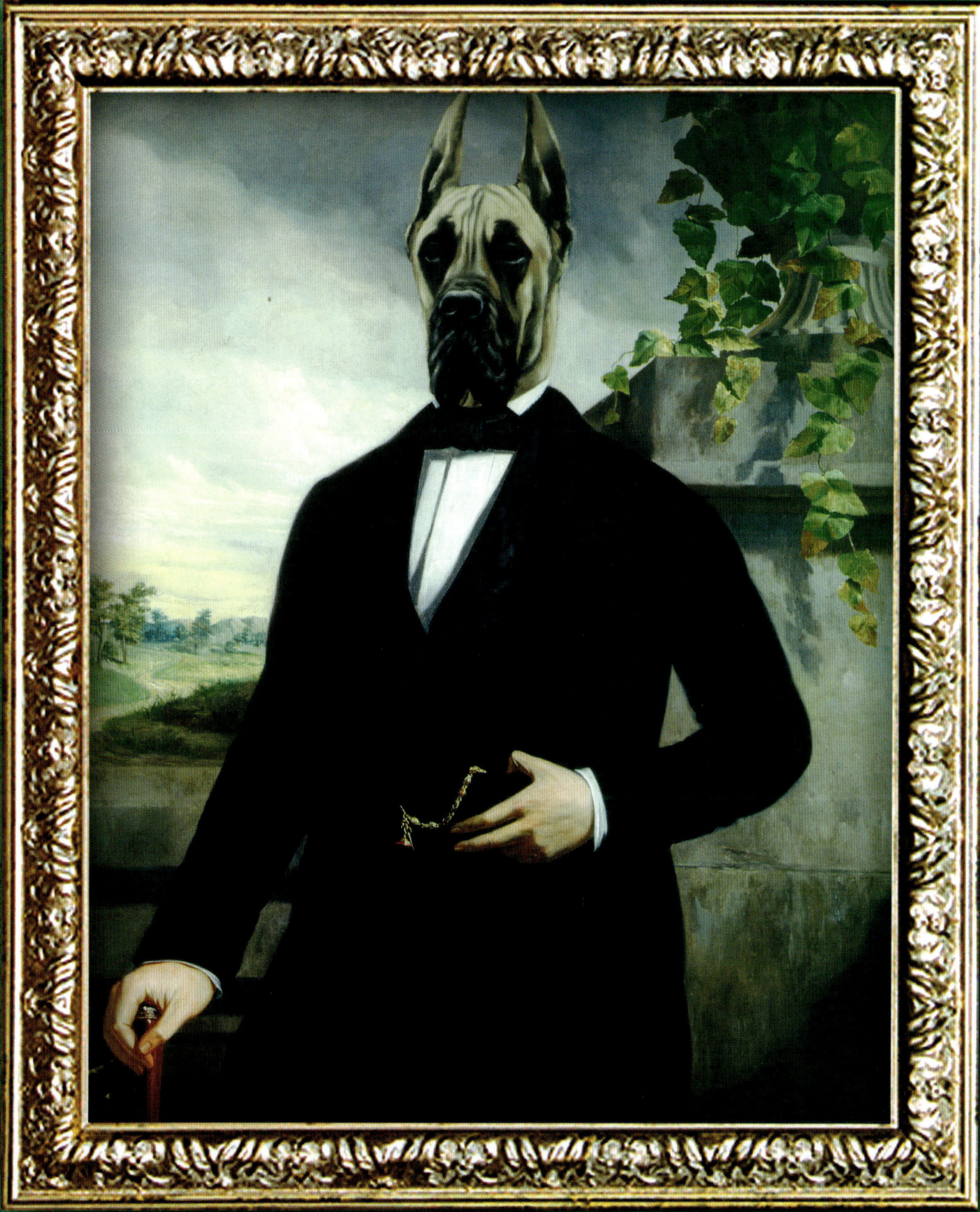

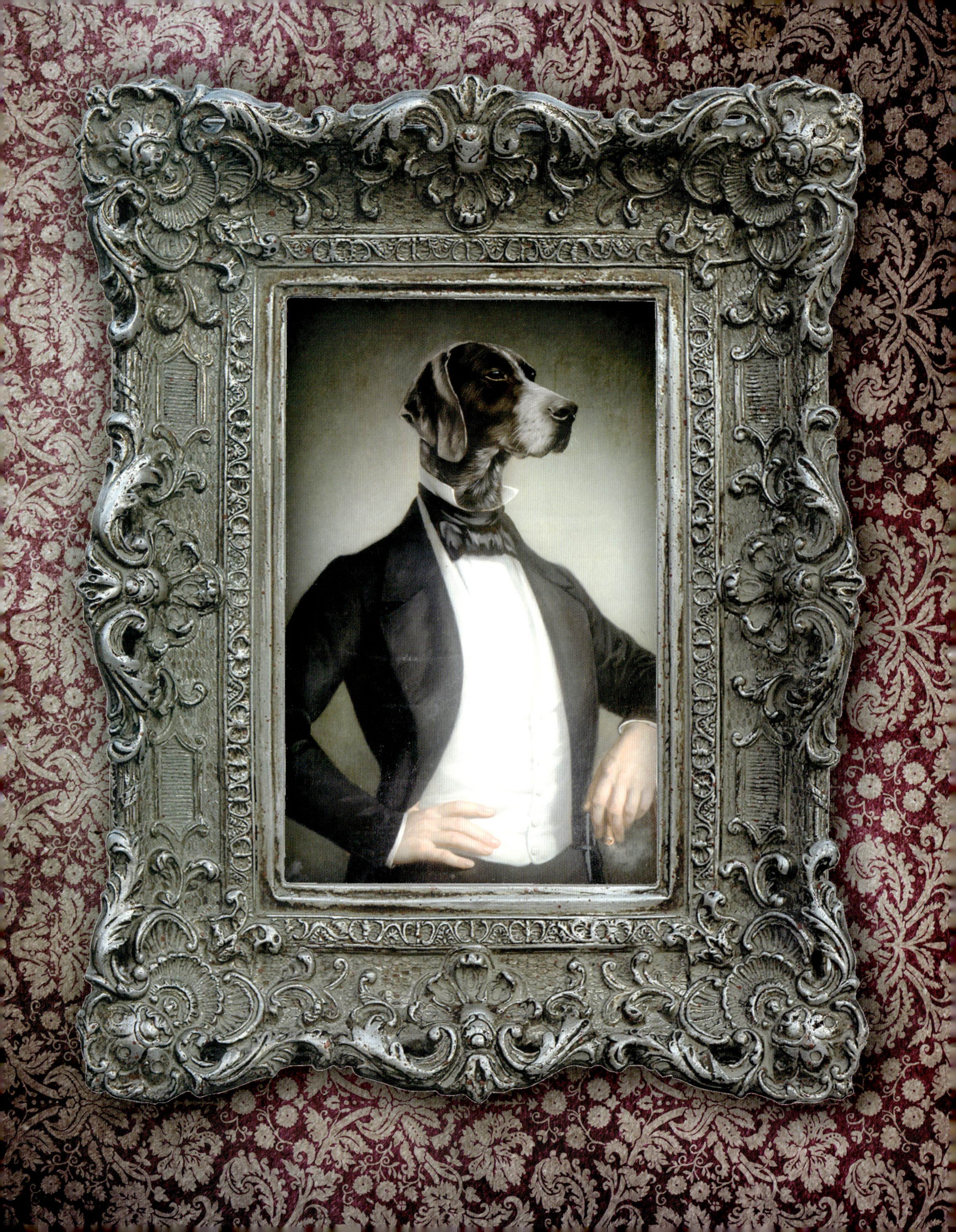

Félicien Montaigne

"The Viennese waltz may be a dance for couples, but I believe I can safely say without exaggeration that it is I who can leave an audience in ecstasy with my spin rotation. My potential dance partner has all but nothing to do with the effect it has. This is why it is no wonder that I claim two thirds of the prize money. They willingly give it to me, as I would otherwise have them thrown head first from the viaduct."

« La valse viennoise est certes une danse pour les couples, mais je peux vous assurer sans rougir que je suis capable de faire entrer le public en transe rien qu'en tournant. Mon partenaire potentiel n'a rien à voir avec l'effet produit. C'est pourquoi il n'y a rien d'étonnant à ce que je réclame les deux tiers de la récompense. C'est volontiers qu'ils me la remettent, car sinon c'est tête la première qu'ils seront jetés du pont. »

"De Weense wals mag dan wel een parendans zijn, ik denk dat ik zonder overdrijven kan stellen dat ík het publiek in extase breng met mijn spindraai. Mijn mogelijke danspartner heeft zo goed als niets in de pap te brokken. Geen wonder dus, dat ik twee derde van het prijzengeld opeis. Ze geven me dat gewillig, aangezien ik hen anders met het hoofd eerst van het viaduct laat gooien."

Roald Fox

"My son Kristofferson is apparently already an enthusiastic hunter. Apparently, indeed, because I have never met him. About eight years ago I fell head over heels in love with Felicity, my sister's servant. Until she got pregnant after some tumultuous lovemaking beside the stuffed chickens on the kitchen counter. Fearing to be disinherited due to marrying a common servant without means, I quickly tied the knot with the dull daughter of a nobleman. At least now there's no shortage of pretty servant girls!"

« Mon fils Kristofferson est apparemment déjà un chasseur enthousiaste. Je dis apparemment parce que je ne l'ai jamais rencontré. Il y a environ huit ans je suis tombé raide dingue de Felicity, la servante de ma sœur. Jusqu'à ce qu'elle tombe enceinte suite à des ébats tumultueux sur le plan de travail de la cuisine, juste à côté des poulets farcis. Craignant d'être déshérité si je me mariais avec une simple servante sans le sou, j'ai rapidement épousé la fille ennuyeuse d'un aristocrate. Au moins, maintenant il n'y a jamais pénurie de jolies domestiques ! »

"Mijn zoon Kristofferson is naar het schijnt nu al een enthousiast jager. Naar het schijnt, inderdaad, want ik heb hem nog nooit ontmoet. Ongeveer acht jaar geleden was ik tot over mijn oren verliefd op Felicity, de dienstmaagd van mijn zuster. Tot ze zwanger bleek na een onstuimige vrijpartij naast de gevulde kippen op het keukenblok. Uit angst onterfd te worden wegens een huwelijk met een ongegoede volksmeid, trouwde ik in sneltempo met de duffe dochter van een edelman. Aan dienstmeiden heb ik nu alvast geen tekort!"

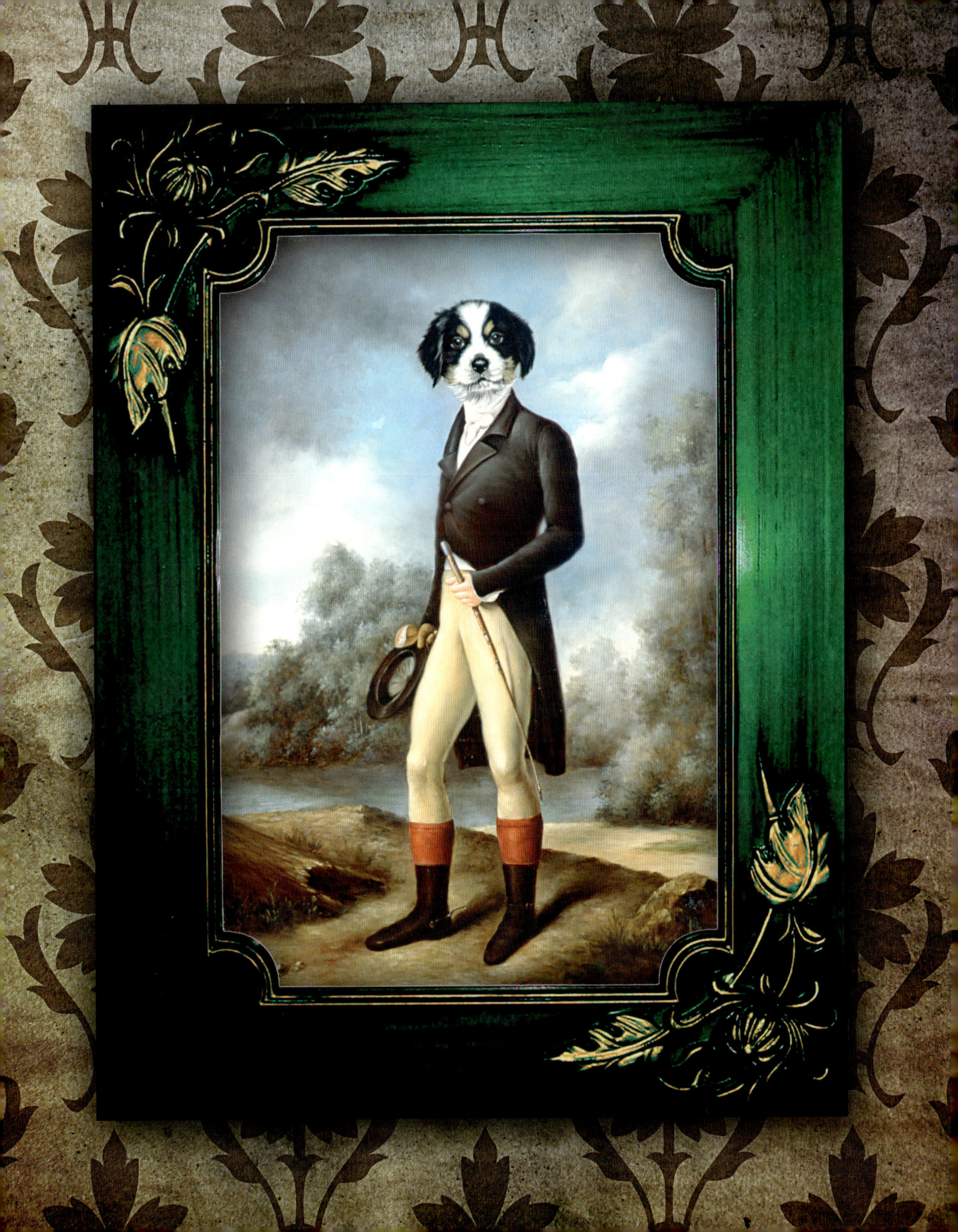

Angelica Adams

"Call me a sorceress, a witch, a hag, a bitch. Call me what you will. What I really am, you can never guess. I have princes in my power, queens under my spell. I know potions and poisons you could not conjure up in your worst nightmares. But my two greatest assets, which have brought me money and fur coats, are my two wonderful, full, white breasts."

« Traitez-moi de sorcière, de Circé, de chienne. Appelez-moi comme bon vous semble. Vous ne devinerez jamais qui je suis vraiment. J'ai des princes à mes ordres, des reines sous mon charme. Je connais des potions et des poisons que vous êtes incapables d'imaginer même dans vos pires cauchemars. Mes deux meilleurs atouts cependant, qui m'ont couverte d'argent et de manteaux de fourrure, sont mes deux beaux seins lourds et blancs. »

"Noem mij een feeks, een heks, een kol, een teef. Noem mij wat u wil. Wat ik echt ben, kan u nooit raden. Ik heb prinsen in mijn macht, koninginnen in mijn ban. Ik ken brouwsels en vergiften die u in uw ergste nachtmerries niet kan verzinnen. Maar mijn grootste troeven, die mij geld en bonten mantels hebben opgeleverd, zijn mijn twee prachtige, volle, witte borsten."

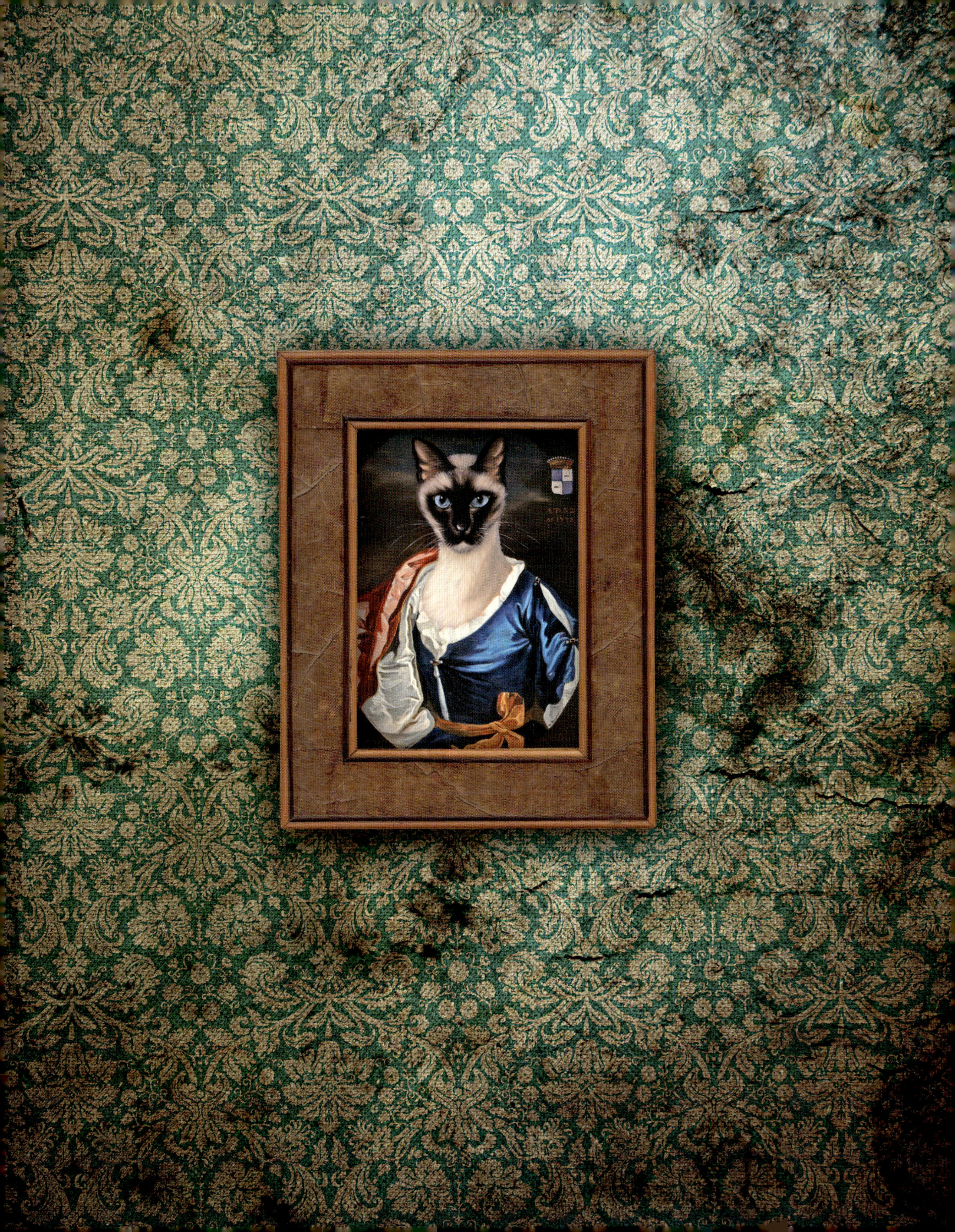

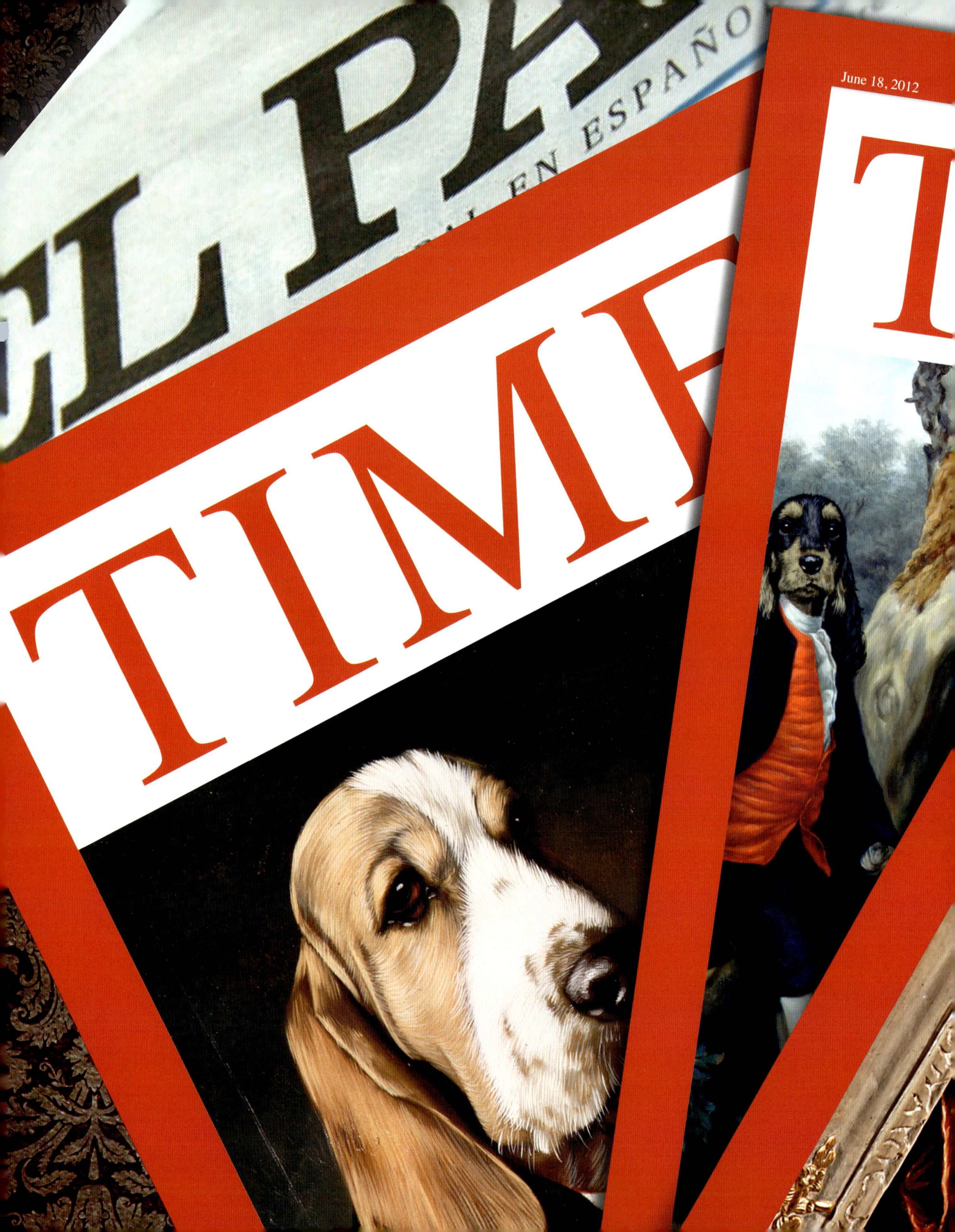
June 18, 2012

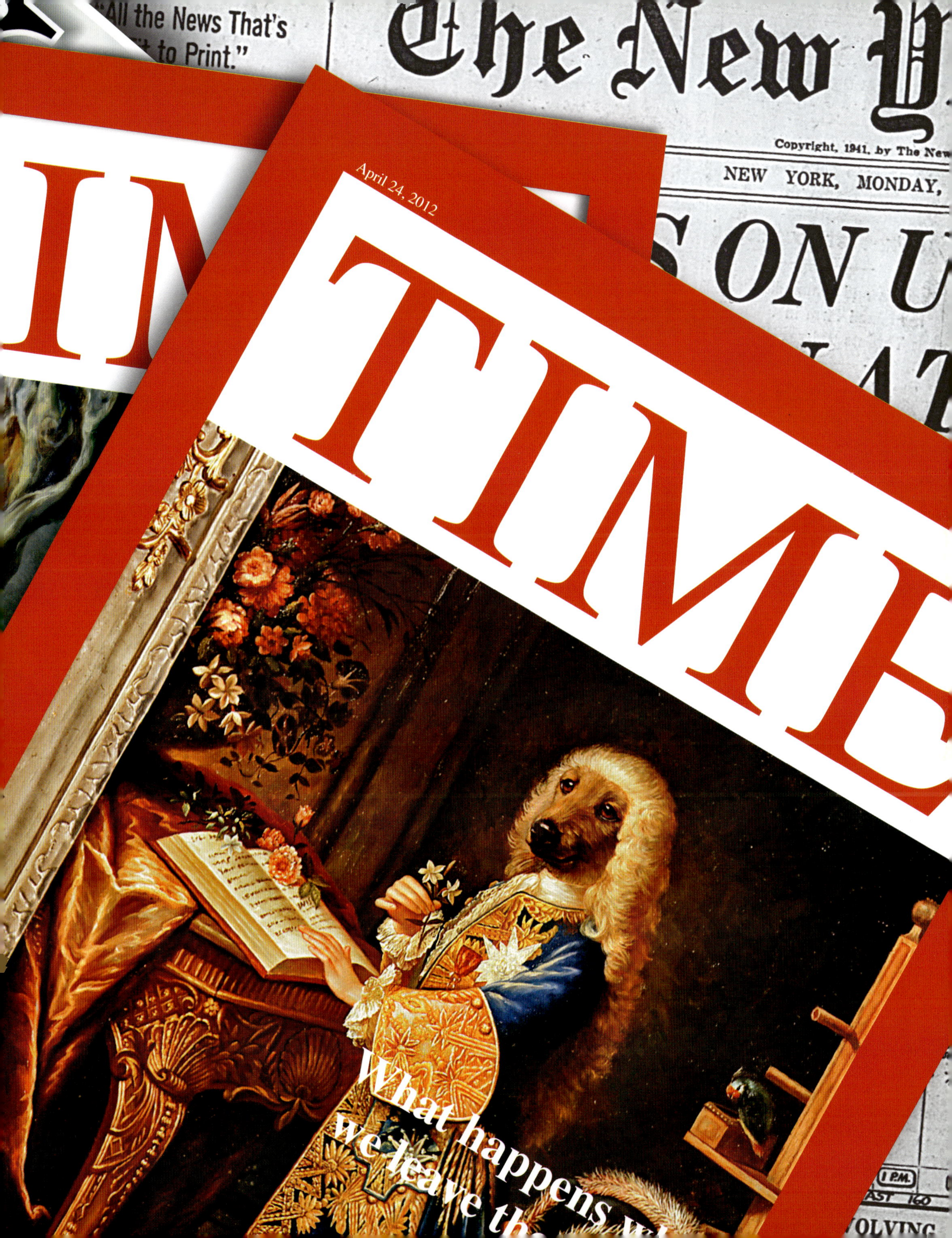
"All the News That's
to Print."
Copyright, 1941, by The New
NEW YORK, MONDAY,
TIME
April 24, 2012
TIME
What happens
we leave

"Dogs are exactly the way
we would act if we had no shame..."

Cynthia Heimel

<< Les chiens se comportent exactement comme nous le ferions si nous n'avions pas honte. >>
"Wij zouden ons net als honden gedragen als we geen schaamte zouden kennen."

Luxuria

Lust - La luxure - Onkuisheid

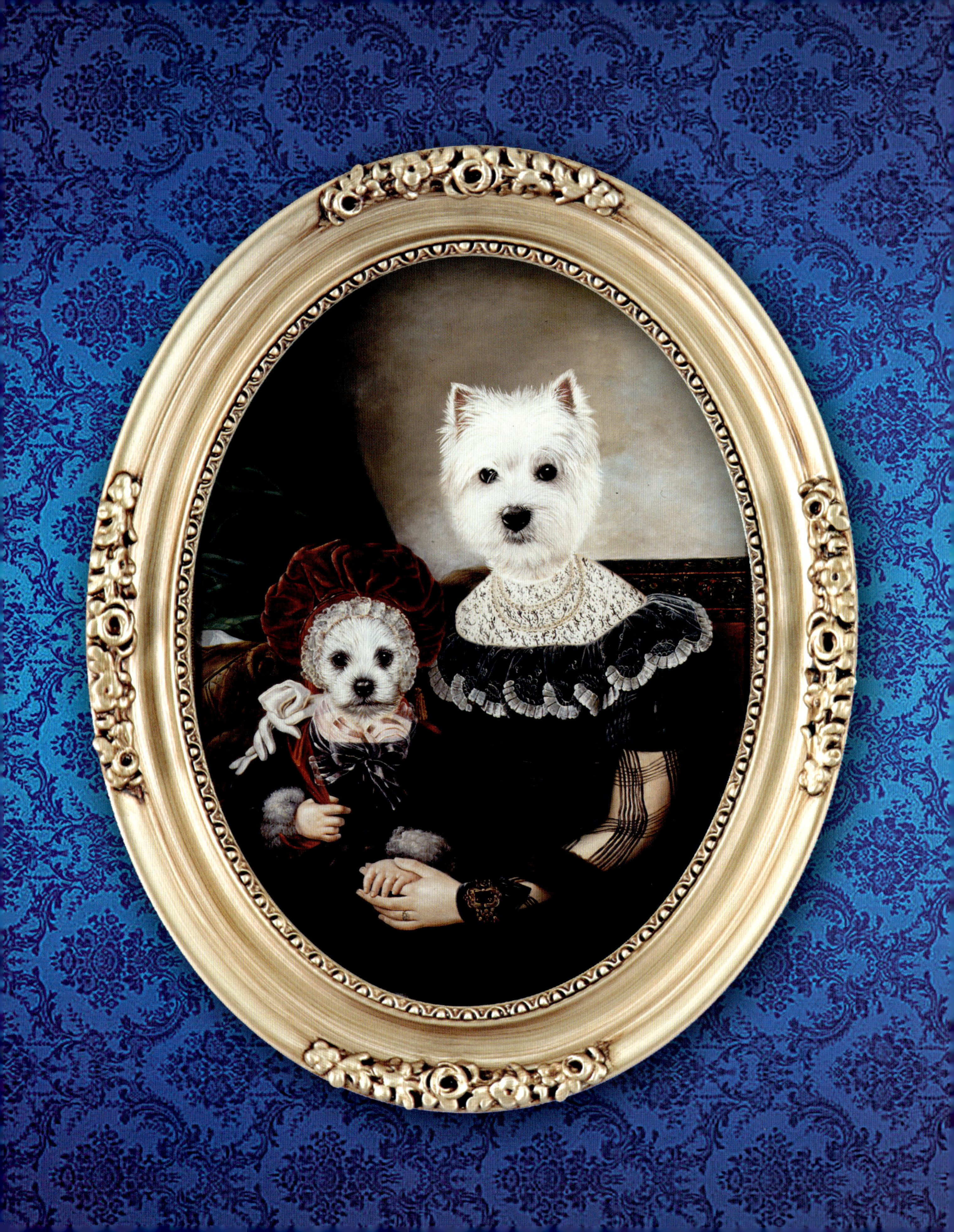

Tina Flynn & TonTon

"My husband left me when he discovered that I harboured lustful feelings for our cook. He couldn't stomach that this was the man who also cooked his pork chops. "Him or me", he barked at breakfast. But before I even had the chance to blame my pregnancy hormones, he had already vanished. I focused all of my energy on raising our daughter, the apple of my eye. Thanks to my generous indulgences, no one will ever be good enough for TonTon."

« Mon mari m'a quittée lorsqu'il a découvert que j'éprouvais des sentiments libidineux pour notre cuisinier. Il ne pouvait supporter que cet homme soit aussi celui qui lui préparait ses côtes de porc. « C'est lui ou moi », aboya-t-il au petit-déjeuner. Mais avant même que j'aie eu le temps de rejeter la faute sur mes hormones de grossesse, il avait déjà disparu. J'ai concentré toute mon énergie à l'éducation de notre fille, la prunelle de mes yeux. Grâce à ma généreuse bienveillance, personne ne sera jamais assez bien pour TonTon. »

"Mijn man verliet me toen hij ontdekte dat ik wellustige gevoelens koesterde voor onze kok. Hij kon het niet verkroppen dat die ook nog zijn koteletjes bakte. "Hij of ik", blafte hij bij het ontbijt. Maar nog voor ik de kans kreeg om mijn zwangerschapshormonen de schuld te geven, was hij al met de noorderzon vertrokken.Ik heb dan maar al mijn energie op onze dochter gericht, mijn oogappel sinds de geboorte. Dankzij mijn overvloedige verwennerijen zal niemand ooit goed genoeg zijn voor TonTon."

Romeo Fridolfi

"I am a night owl. There are five mirrors in my bedroom, one of which is mounted on the ceiling. I rarely sleep, except for when I'm at the theatre or having dinner when visiting my parents. Whether I love women more than I love men, is a closely kept secret. And mirrors may see, but they still can't speak. Though I can give you a small clue: if they are fresh and juicy, I love both tomatoes and cucumbers."

« Je suis un oiseau de nuit. Il y a cinq miroirs dans ma chambre, dont un au plafond. Je dors rarement, sauf quand je suis au théâtre ou lorsque je vais dîner chez mes parents. Est-ce que j'aime les femmes plus que les hommes ? Voilà un secret bien gardé. Et même si les miroirs ont des yeux, ils n'ont toujours pas de voix. Je peux cependant vous donner un indice : s'ils sont tous deux frais et juteux, j'apprécie à la fois les tomates et les concombres. »

"Ik ben een nachtmens. In mijn slaapkamer hangen vijf spiegels, waarvan één aan het plafond. Slapen doe ik er zelden, dat is voor in het theater of aan tafel wanneer ik mijn ouders bezoek. Of ik meer van vrouwen dan wel mannen hou, is een streng bewaard geheim. En spiegels hebben misschien ogen, spreken kunnen ze nog steeds niet. Al kan ik hier wel een tipje van de sluier lichten: indien vers en sappig, lust ik zowel tomaten als komkommers."

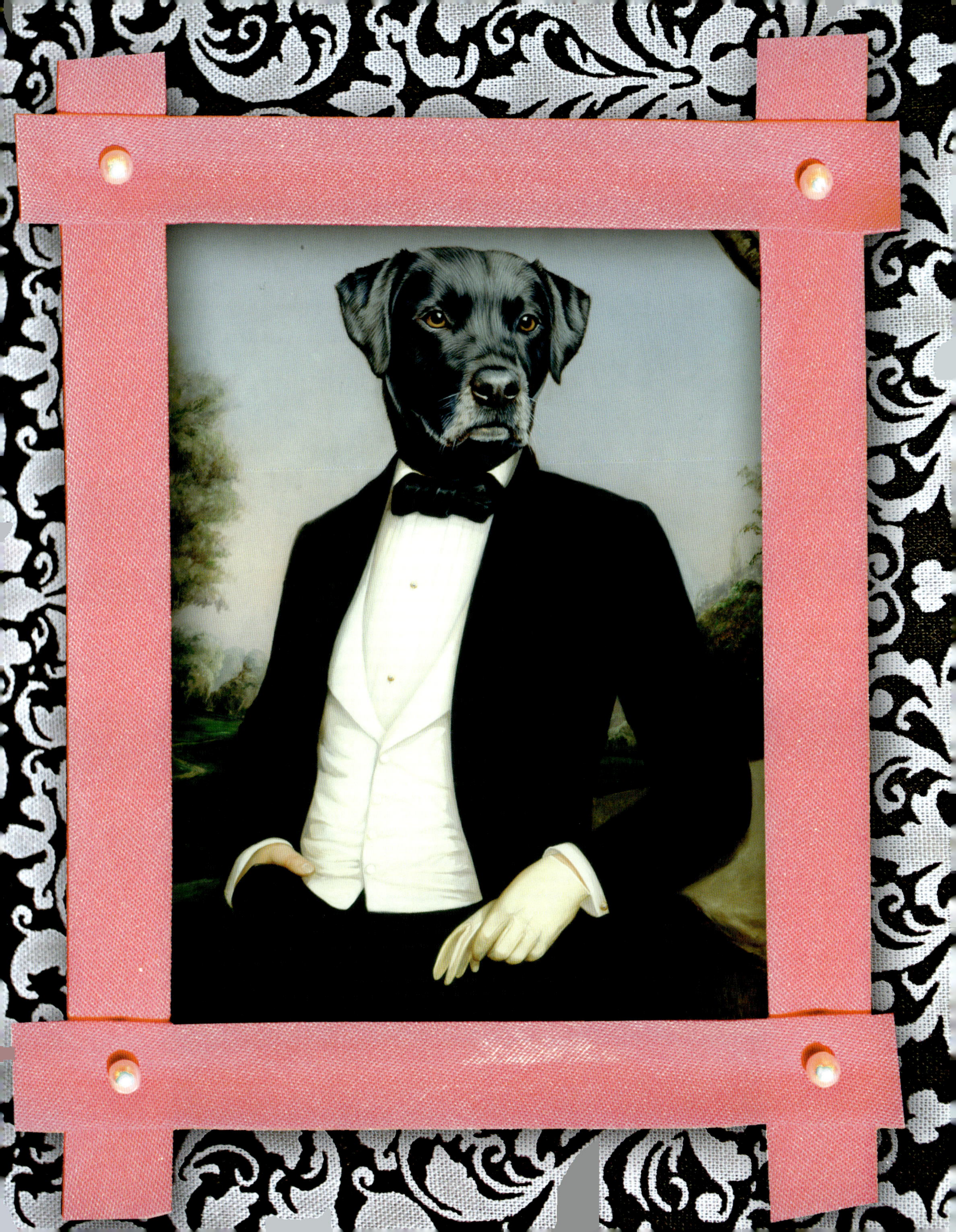

Hugh Marston

"When I was a young man, I loved money and women. Nowadays, I mostly enjoy the latter. Big breasts, oversized buttocks, round shapes. My country house, where I live with my girlfriends, has a swimming grotto and twelve Jacuzzis. I am a bon vivant, promiscuous and bisexual. And the older I get, the more I wish everybody else was too."

« Quand j'étais jeune, j'aimais l'argent et les femmes. Aujourd'hui, j'apprécie surtout les femmes. Poitrine généreuse, fesses démesurées, formes arrondies. Dans ma maison de campagne, où je vis avec mes petites amies, j'ai une grotte tropicale et douze jacuzzis. Je suis un bon vivant bisexuel aux mœurs légères. Plus je vieillis, plus j'aimerais que tout le monde soit comme moi. »

"Als jongeman hield ik van geld en vrouwen. Vandaag hou ik voornamelijk van het laatste. Grote borsten, uit de kluiten gewassen billen, ronde vormen. In mijn landhuis, volledig met zwemgrot en twaalf jacuzzi's, leef ik samen met mijn vriendinnen. Ik ben bon vivant, promiscue en biseksueel. En hoe ouder ik word, hoe meer ik zou willen dat iedereen dat was."

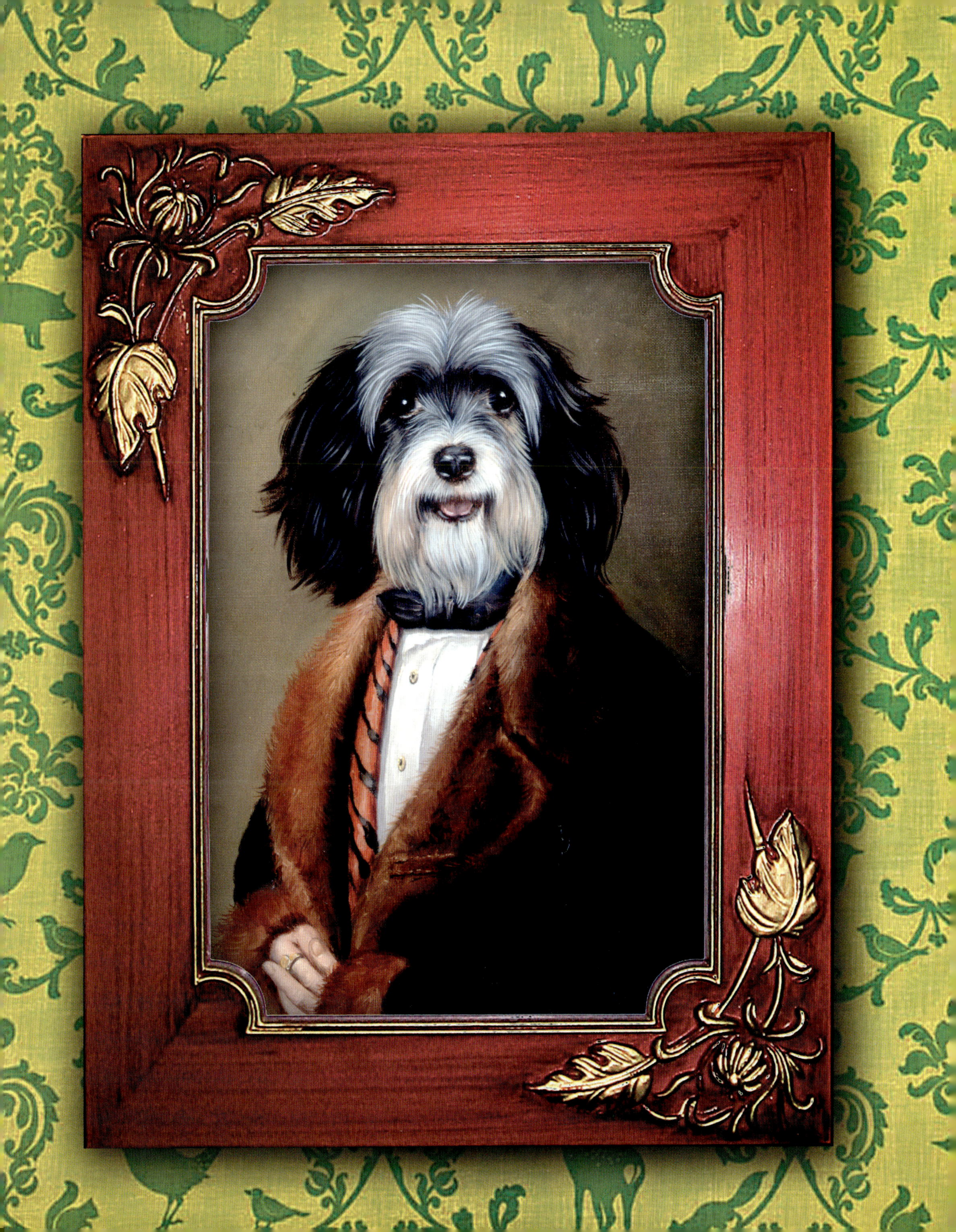

Takashi "Spoon" Spencer

"My father used to have a Japanese pen pal who had, so she wrote, beautiful feet. Influenced by her scented correspondence I was named Takashi, after her imprisoned brother. I see myself as a serious man, with a keen eye for detail. In my Philosophical Science of the Early Eighteenth Century lessons, I try not to convince my students of my own insights, but am open to criticism. In my spare time, I like to spoon."

« Mon père avait une correspondante japonaise qui, comme elle l'écrivit, avait de beaux pieds. Inspiré par cette correspondance parfumée, on me donna le nom de Takashi, prénom de son frère emprisonné. Je me considère comme un homme sérieux, avec un grand souci du détail. Dans mes leçons sur la science philosophique du début du XVIIe siècle, j'essaye de ne pas trop influencer mes étudiants, je suis au contraire ouvert à la critique. Pendant mon temps libre, j'aime faire des câlins. »

"Mijn vader had vroeger een Japanse pennenvriendin met, zo schreef ze zelf, prachtige voeten. Beïnvloed door haar geurende epistels werd ik, naar haar gedetineerde broer, Takashi genoemd. Ikzelf ben een serieus man, met een fijne neus en oog voor detail. In mijn lessen Wetenschapsfilosofie van de Vroege Achttiende Eeuw probeer ik mijn studenten niet te overtuigen van mijn eigen visie, maar sta ik open voor kritiek. In mijn vrije tijd lig ik graag lepeltje."

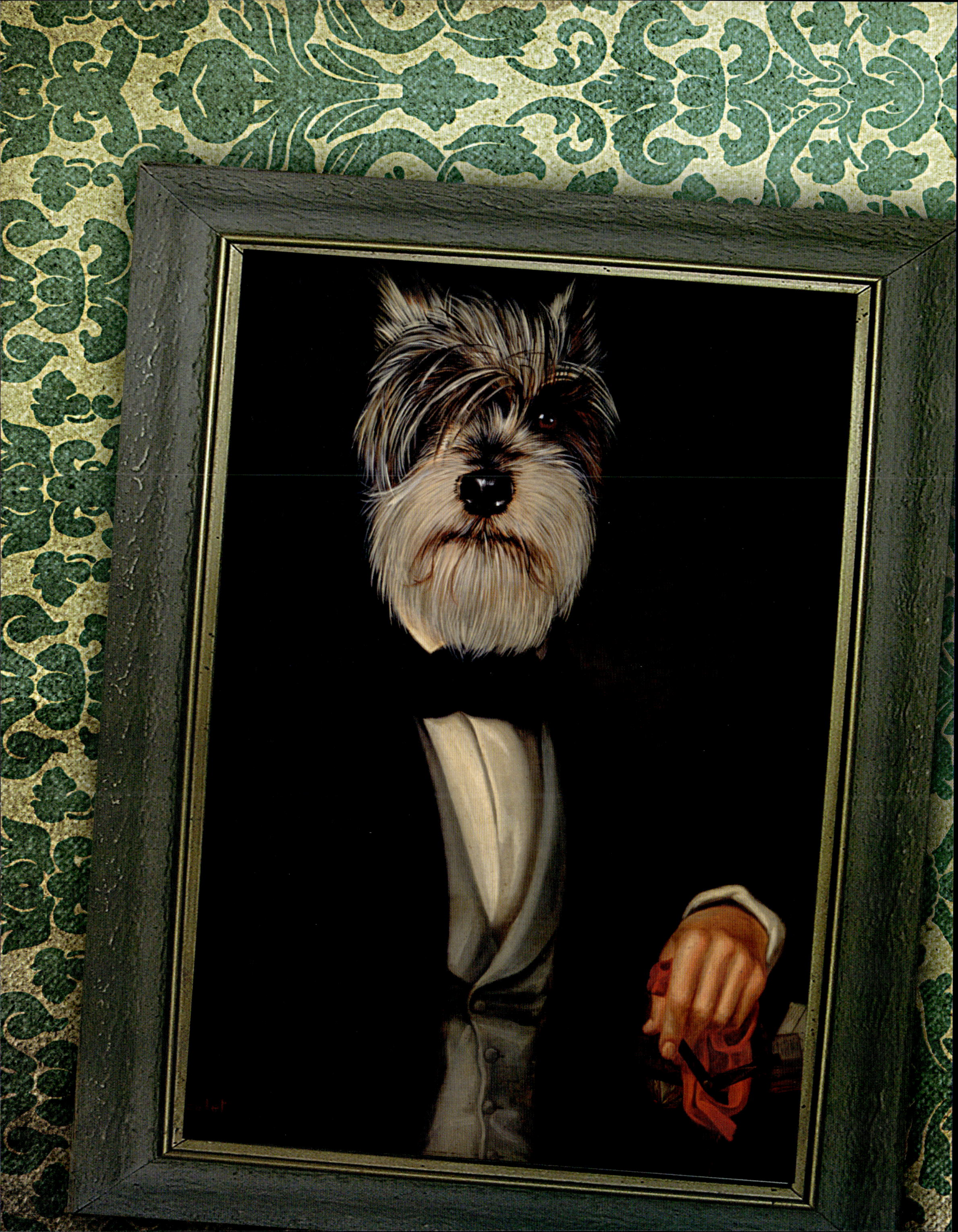

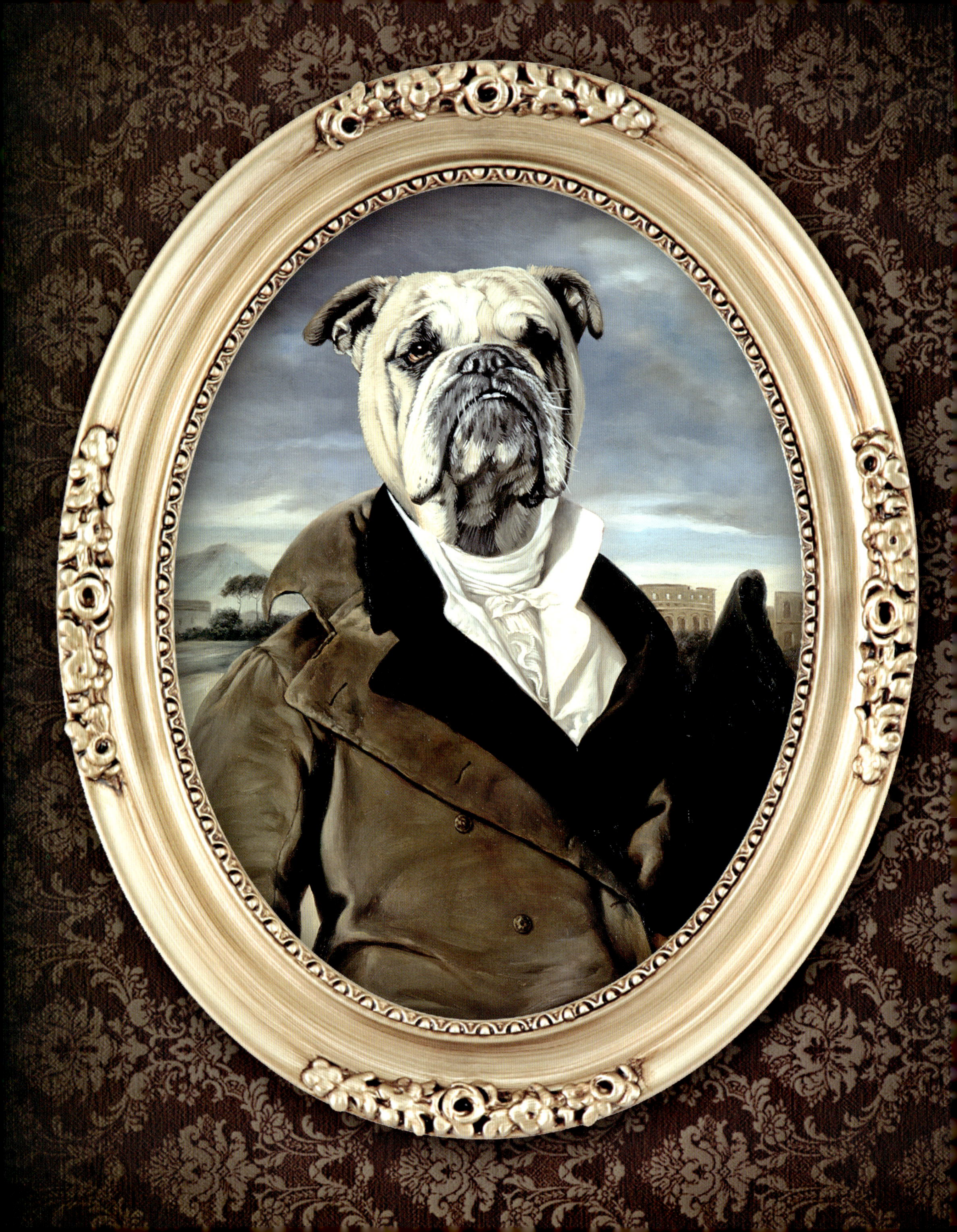

Marcus Camembert

"I have been asked to be frank here. So I will tell you something that even my wife, children, mistress and business partners do not know. I love dirty smells. It is an addiction, even a fetish if you will. I get a rush from the stink of sweaty bodies, wet hair, poor dental hygiene, my grandmother's clothes, dirty diapers, feet, urinals, sewers full of rats and anything else disgusting. It is quite convenient for the people in my life, because I thoroughly enjoy doing the dirty jobs."

« On m'a demandé d'être franc. Alors je vais vous raconter quelque chose que ni même ma femme, mes enfants, ma maîtresse, mes associés ne savent. J'aime les odeurs sales. C'est une addiction, cela frise le fétichisme. Les odeurs de transpiration, de poil humide, d'hygiène dentaire douteuse, les habits de ma grand-mère, les couches sales, les pieds, l'urine, les égouts peuplés de rats ; ce qui est dégoûtant m'excite. C'est assez pratique pour les gens qui me côtoient puisque j'adore m'occuper des tâches ingrates. »

"Men vraagt mij hier openhartig te zijn. Dus zal ik u iets vertellen dat zelfs mijn vrouw, kinderen, minnares en zakenpartners niet weten. Ik ben dol op vuile geuren. Het is een verslaving, zelfs een fetisj, zo u wil. Ik kick op de stank van zweterige lijven, natte haren, slechte mondhygiëne, mijn grootmoeders kleren, vieze luiers, voeten, urinoirs, riolen vol ratten en meer van dat walgelijks. Wel zo gemakkelijk voor mijn omgeving, want ik doe de vuile klusjes met méér dan plezier."

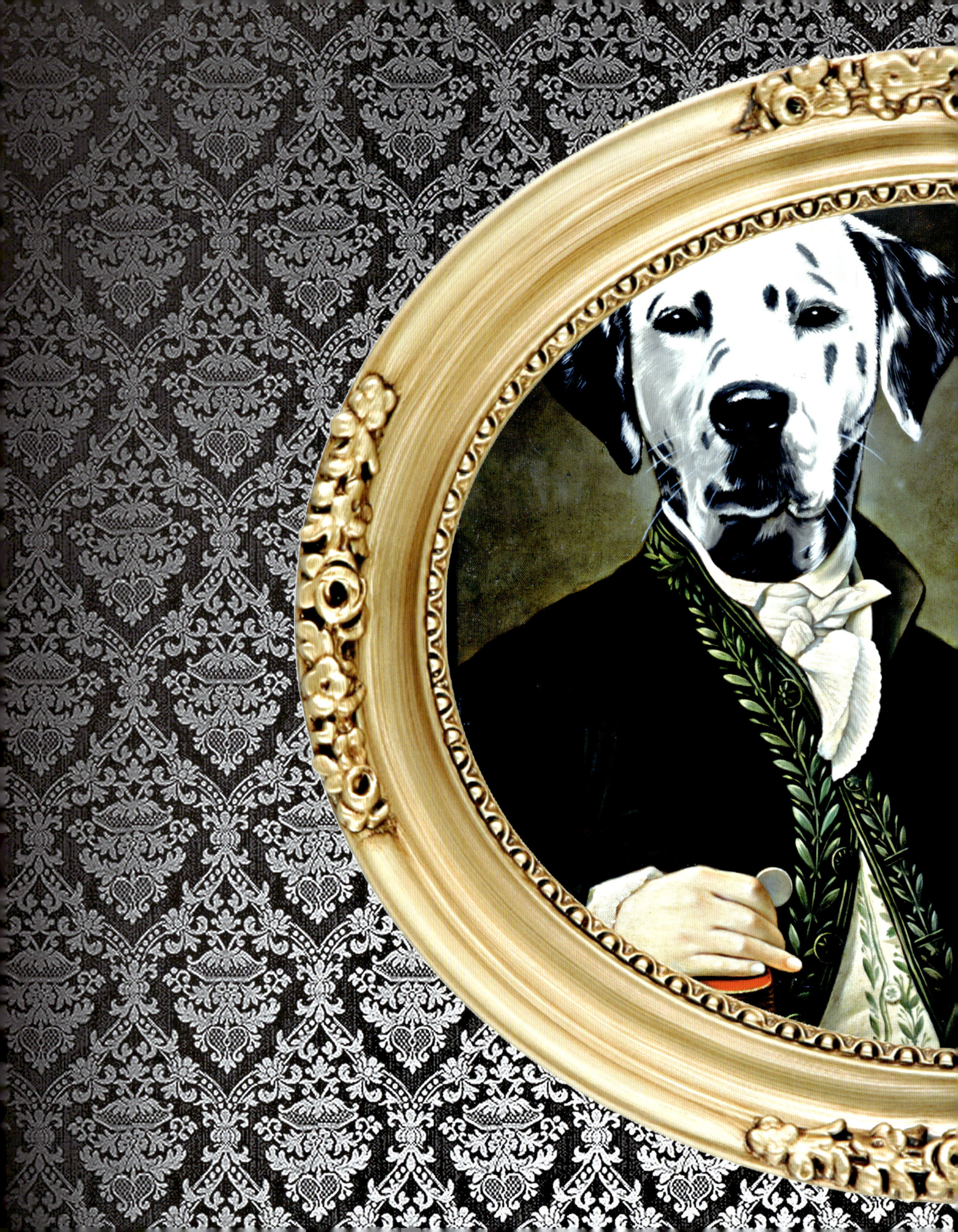

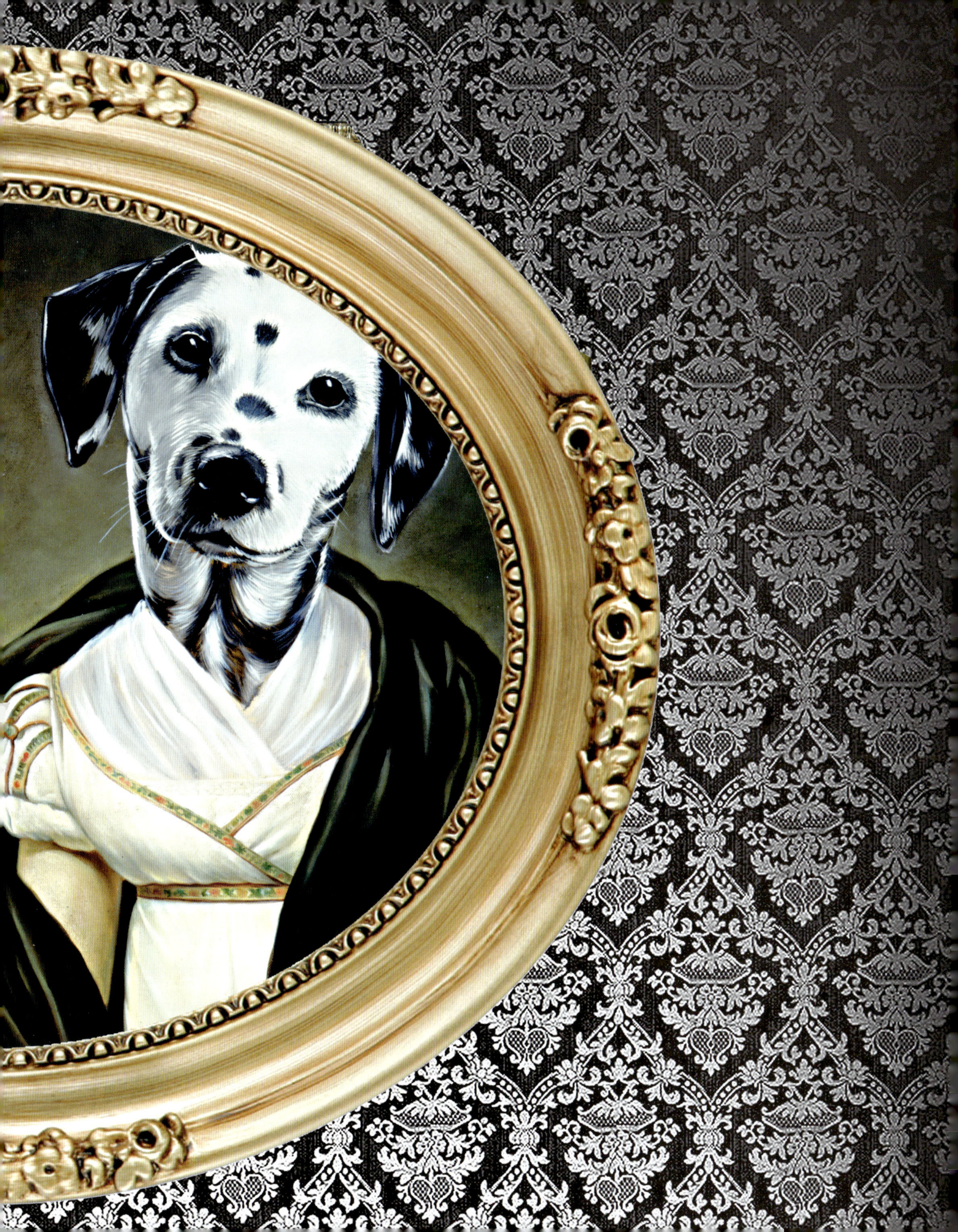

Richardus Gears

"To characterise my nonchalance, I have asked to be portrayed with a banjo. The addition of the instrument gives me a natural pose. I am a seduction artist, and know how to easily change a woman's opinion. I tilt my head slightly to give the impression that I am listening attentively and enjoying her 'stunning beauty'. Simultaneously, I am checking out her girlfriends. I try to look a little dumb, as if the woman in question has just blown my mind. And I smile. Guaranteed success."

« Pour illustrer ma nonchalance, j'ai demandé à être représenté avec un banjo. L'ajout de l'instrument me confère une pose naturelle. Je suis un artiste de la séduction et je sais exactement comment faire pour qu'une femme change d'avis. J'incline légèrement la tête pour lui faire croire que je l'écoute attentivement et que je savoure son « incroyable beauté ». Tout en regardant ses copines. Je prends un air un peu idiot, comme si la femme en question me faisait tourner la tête. Et je souris. Succès garanti. »

"Om mijn nonchalance te typeren heb ik gevraagd mij met een banjo af te beelden. De toevoeging van het instrument zorgt voor een ongekunstelde pose. Ik ben verleidingskunstenaar, en weet het oordeel van een vrouw probleemloos te veranderen. Ik hou het hoofd schuin om de indruk te wekken aandachtig naar haar te luisteren en te genieten van haar 'overweldigende schoonheid'. Tegelijkertijd taxeer ik haar vriendinnen. Ik kijk wat dom uit mijn ogen, alsof de vrouw in kwestie het licht in mijn bovenkamer wist te doven. En ik lach. Succes gegarandeerd."

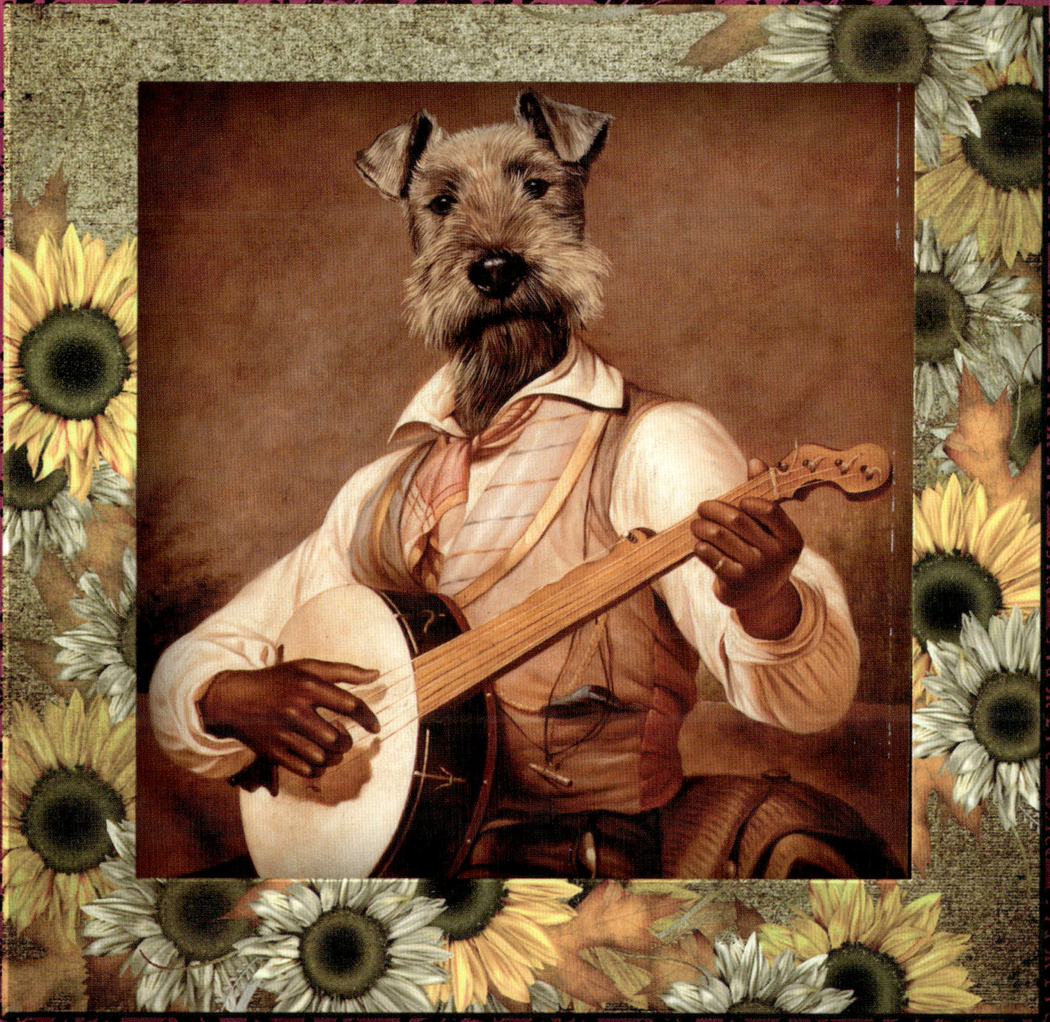

Beatrijs Patrijs

"I dedicate my whole life to God and God alone. My religious experiences are described in my poetry.
I believe praying is equivalent to an unmatchable physical pleasure.
I express this in my personal poems, which I only let my Lord and Master read. When I am with Him, I can't help crying out penetrating shrieks. It is like having crawled through the hot desert for days without water, and suddenly being immersed in an ice bath."

« Je consacre toute ma vie à Dieu, rien qu'à Dieu. Mes expériences religieuses sont décrites dans ma poésie. Pour moi, prier est semblable à un plaisir physique incomparable. C'est ce que j'exprime dans mes poèmes intimes, que seul mon Maître a le droit de lire. Lorsque je suis avec Lui, je ne peux m'empêcher de pousser des hurlements pénétrants. C'est comme avoir rampé dans le désert pendant des jours sans une goutte d'eau et plonger soudain dans un bain glacé. »

"Ik wijd mijn hele leven aan God en God alleen. In mijn poëzie beschrijf ik mijn religieuze ervaringen. Het gebed staat voor mij gelijk aan een niet te evenaren lichamelijk genot. Ik druk dit uit in mijn persoonlijke gedichten, die ik enkel laat lezen aan mijn Heer en Meester. Wanneer ik met Hem samenkom, slaak ik indringende kreten. Dan is het of ik dagenlang zonder drinken door de hete woestijn kroop, en plots in een ijsbad word ondergedompeld."

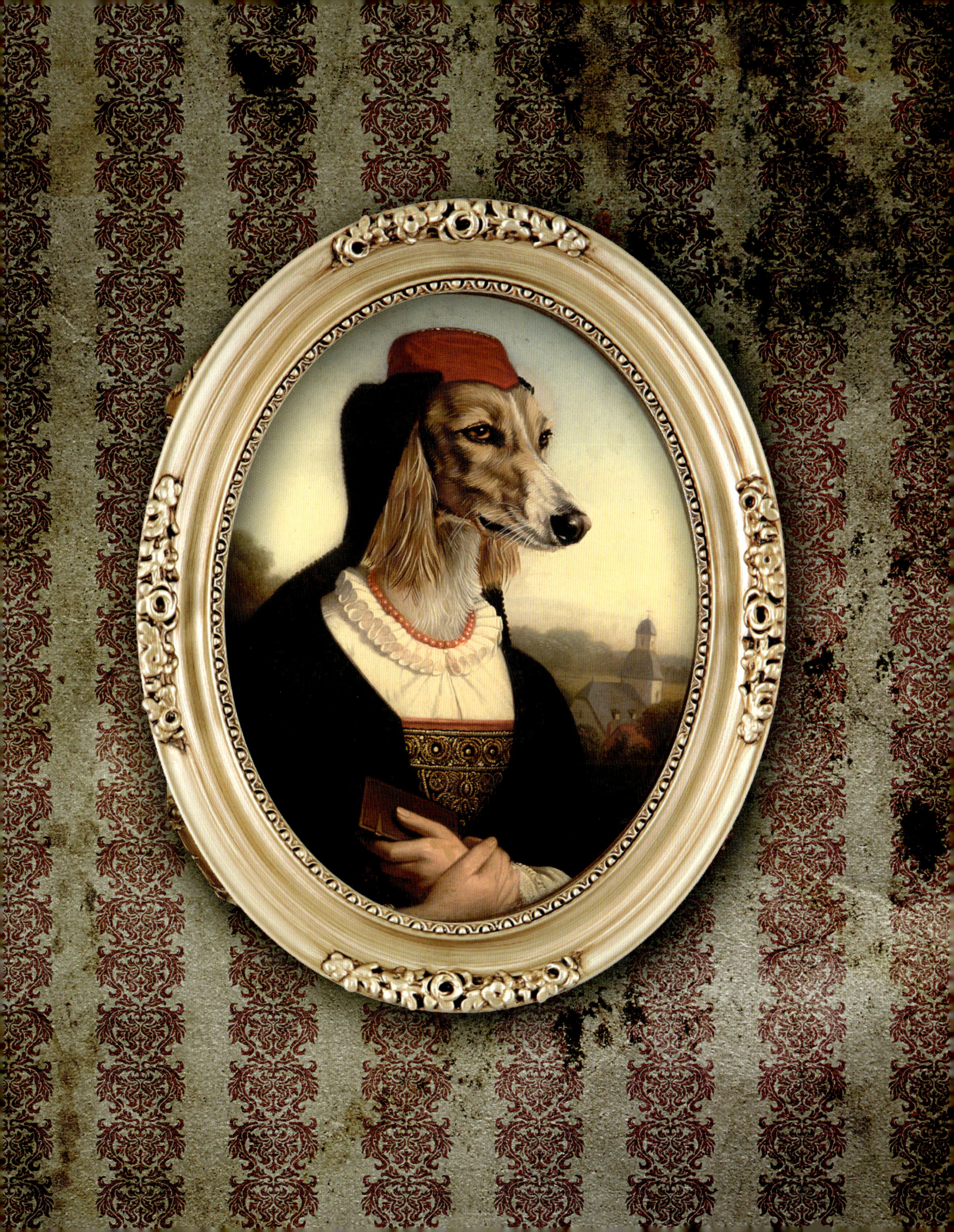

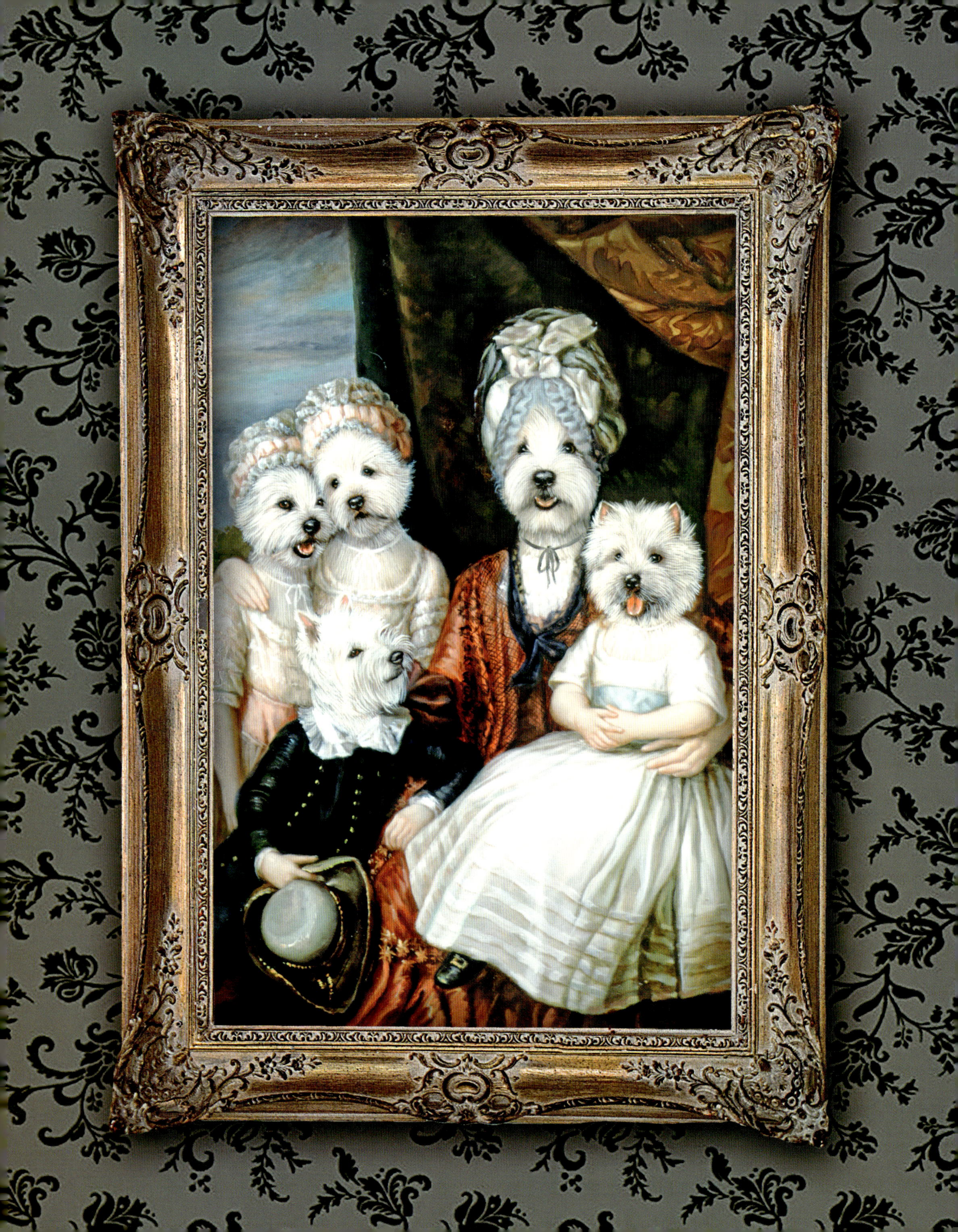

The Robinsons

"I am Anne Robinson, mother of four. A week ago I ended my affair with Benji, the son of my good tea-and-biscuits-friend Bella Braddock. He has learned much from the school of life I let him attend for free. He regretted enormously that I had to end the education, but it became impossible to keep being his teacher, no matter how wonderful I thought it was. Oh well, my eldest daughter has been promised to him so I will definitely bump into him in the future."

« Je suis Anne Robinson, mère de quatre petits. Il y a une semaine, j'ai rompu avec Benji, le fils de ma bonne amie thé et biscuits, Bella Bradock. Il a beaucoup appris de l'école de la vie et je ne lui ai rien fait payer. Il a énormément regretté que je mette un terme à cette éducation mais il devenait impossible pour moi d'être son professeur, même si je le trouvais magnifique. Tant pis, ma fille aînée étant sa promise je continuerai à le croiser de temps en temps. »

"Ik ben Anne Robinson, moeder van vier. Een week geleden heb ik mijn verhouding met Benji, de zoon van mijn goede thee-met-koekjes-vriendin Bella Braddock, verbroken. Hij heeft heel wat opgestoken uit de leerschool die ik hem kosteloos liet volgen. Het speet hem enorm dat ik de opleiding moest stopzetten, maar ik kon onmogelijk zijn juffie blijven, hoe heerlijk ik het ook vond. Maar ach, mijn oudste dochter is aan hem beloofd, dus ik loop hem zeker nog eens tegen het lijf."

Romi Zizi

"I like them well-endowed. My first husband was small. He compensated that by being cruel and loud. And windy, but that had nothing to do with it. My second husband was slightly larger, but he didn't know how to use it. My current husband is once again small, but quiet, shy and he doesn't get in my way. He turns a blind eye when I follow the gardener and his large tool into the barn."

« Je les aime bien membrés. Mon premier mari ne l'était pas. Il compensait en étant cruel et bruyant. Et verbeux, mais cela n'a rien à voir. Mon deuxième mari était mieux loti mais il ne savait pas s'en servir. Mon mari actuel est lui aussi du genre petit mais il est calme et timide et il me laisse tranquille. Il regarde ailleurs lorsque je suis le jardinier et son imposant outil dans les fourrés. »

"Doe ze mij maar groot geschapen. Mijn eerste man was klein. Dat maakte hem wreed en luid ter compensatie. En winderig, maar dat had daar niets mee te maken. Mijn tweede man was iets groter, maar die wist dan weer niet waar de klepel hing. Mijn huidige eega is opnieuw een pak kleiner, maar stil, verlegen en hij loopt niet in de weg. Hij kijkt dan ook de andere kant op wanneer ik de tuinman en zijn uit de kluiten gewassen materiaal volg, in de richting van de schuur."

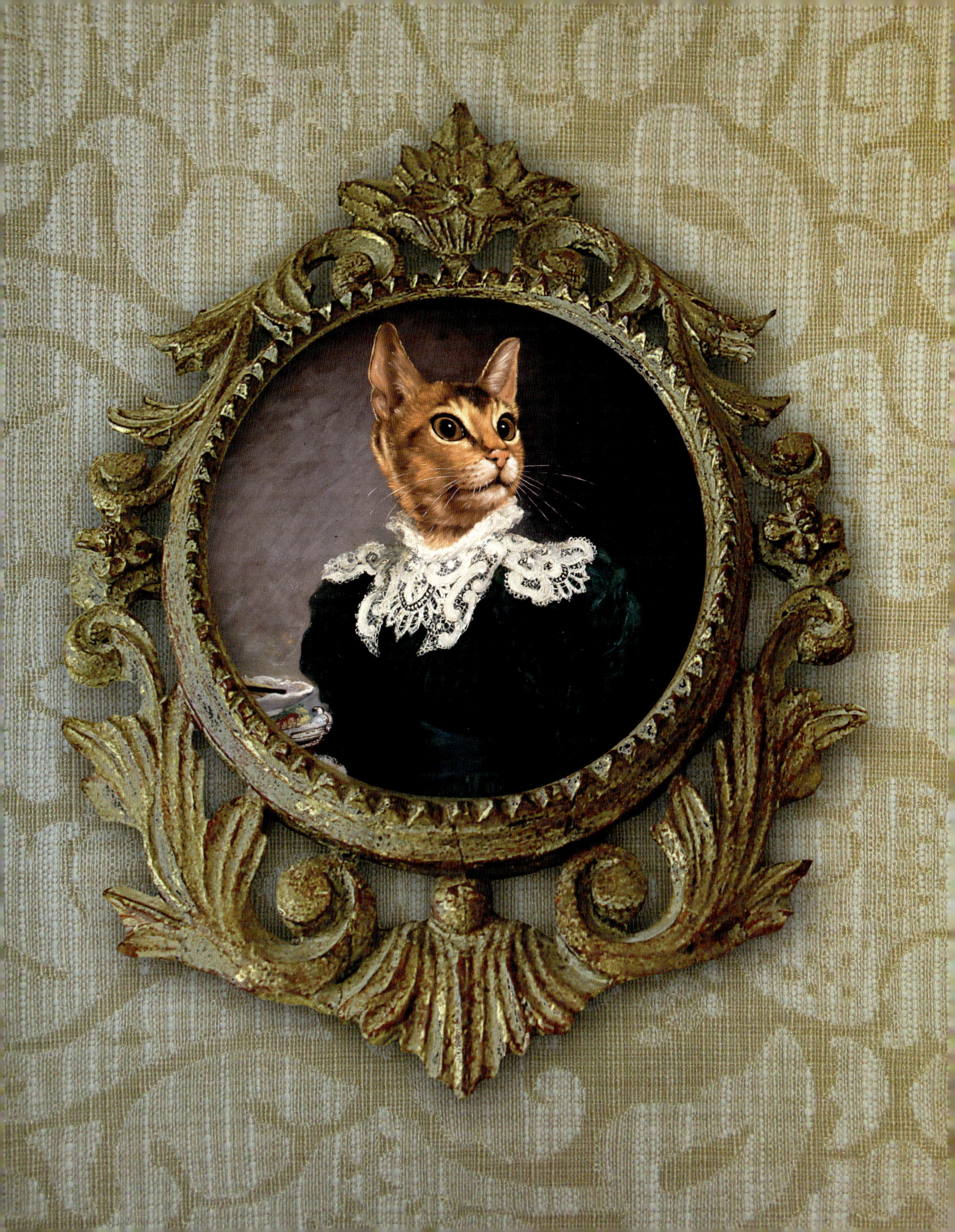

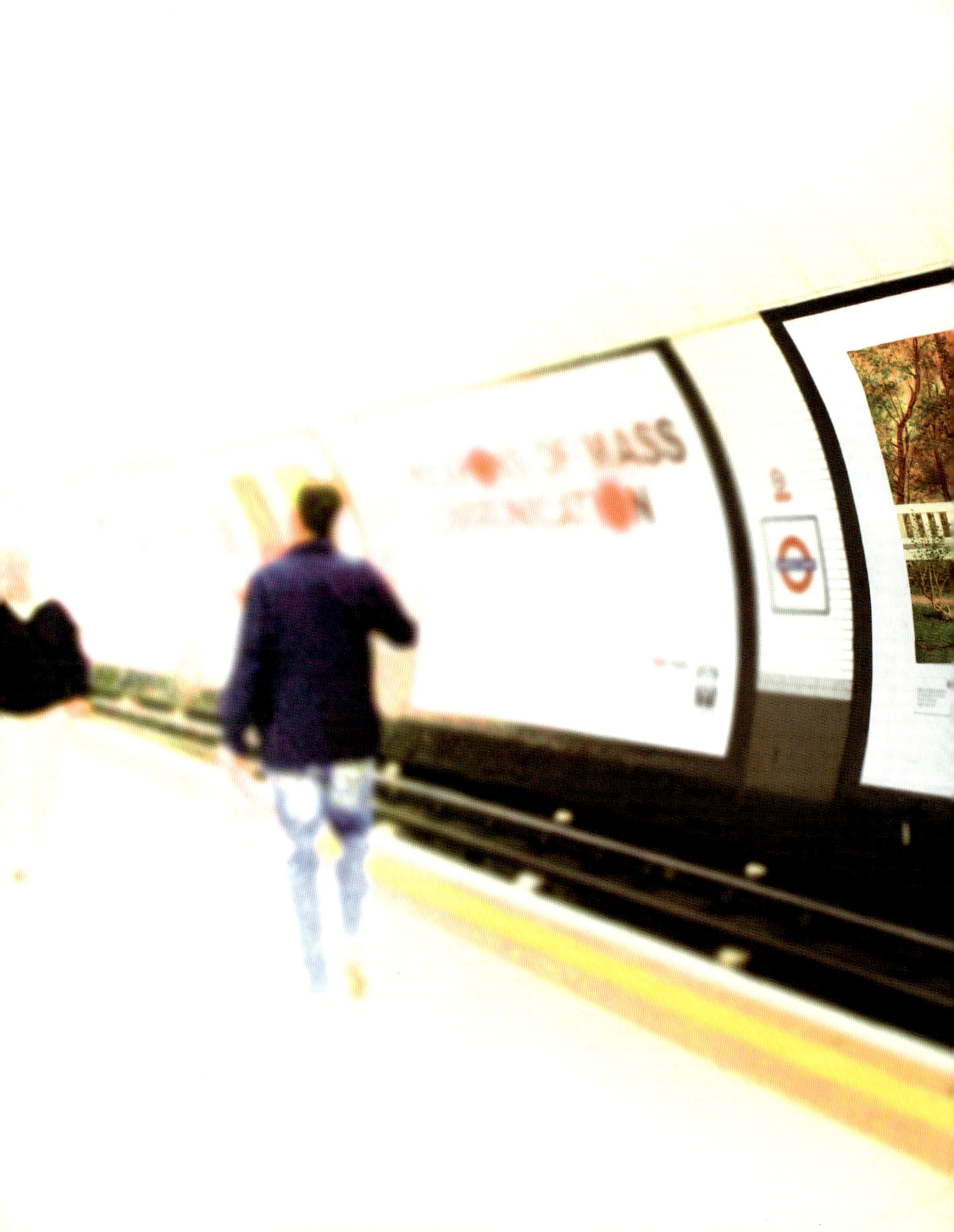

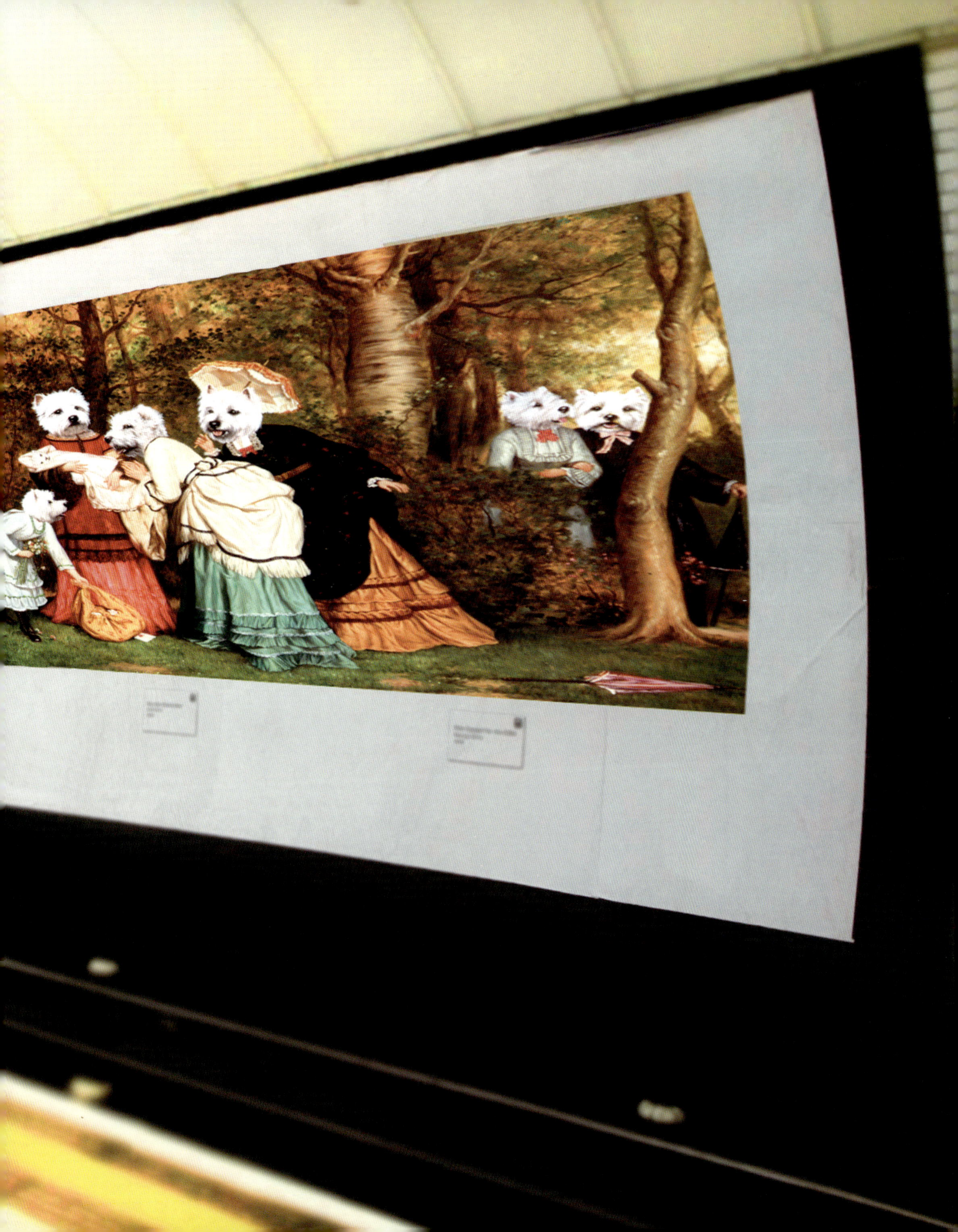

" Man is troubled by what might be called
the dog wish, a strange and involved compulsion
to be as happy and carefree as a dog "

James Thurber

<< L'homme est tourmenté par ce que l'on pourrait appeler le désir du chien, une compulsion étrange et compliquée d'être aussi heureux et insouciant qu'un chien. >>
"De mens wordt gekweld door de zogenaamde hondenwens, een vreemd en complex verlangen om even gelukkig en zorgeloos te leven als een hond."

Invidia

Envy - L'envie - Jaloezie

Zipporah Temple

"Don't get me wrong, I do not feel guilty, but there is something on my mind. Six months ago I found a pair of lace panties behind my housekeeper's bedroom door. Its softness and subtle revealing quality made me lick my lips nervously. I took them with me, and occasionally, when I am alone, I put them on. I don't believe I should be ashamed of this. It is not really theft, because she bought the panties with my money. Besides, as her boss I have the right to take such lewd futilities away from her."

« Ne vous méprenez pas, je ne me sens pas coupable, mais quelque chose me turlupine. Il y a six mois, j'ai trouvé une culotte en dentelle derrière la porte de la chambre de ma bonne. Je me léchais nerveusement les babines en pensant à sa finesse et sa douceur. Je l'ai emportée et occasionnellement, quand je suis seule, je la porte. Je ne crois pas que je devrais en avoir honte. Ce n'est pas vraiment un vol puisqu'elle l'a achetée avec mes sous. En plus, comme je suis sa patronne, j'ai parfaitement le droit de la priver de ce genre de futilités obscènes. »

"Begrijp me niet verkeerd, ik voel me niet schuldig, maar er ligt me toch iets op de lever. Een half jaar geleden vond ik achter de slaapkamerdeur van mijn huishoudster een kanten slip. De zachtheid en subtiele inkijk maakten dat ik me zenuwachtig aan de lippen begon te likken.
Ik nam het vodje mee en af en toe, als ik alleen ben, trek ik het aan.
Ik hoef mij daarvoor niet te schamen. Echte diefstal is het niet, ze heeft de slip immers met mijn geld betaald. Bovendien heb ik als bazin het recht haar zulke ontuchtige niemendallen af te nemen."

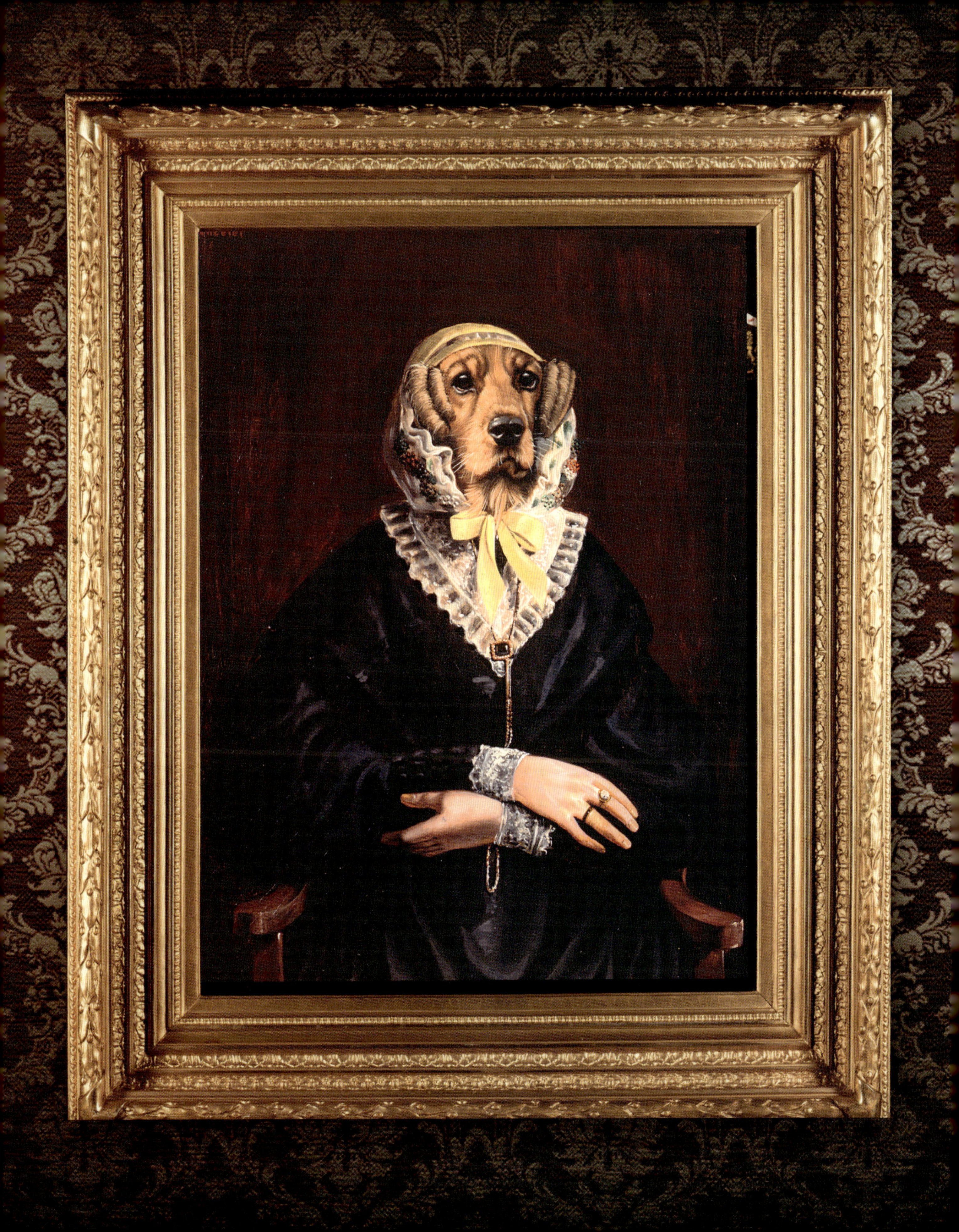

Mercedes Molière

"I am Ophelia, Antigone and Medea. My playground is the court. Artists worship me whilst ignoring all others. I frequent the same hairdresser's saloons and clothing shops as baronesses. I go to exclusive parties and drink the most expensive champagne. And yet, at the end of the day I would rather be my sister. Fat, shabby and surrounded by the pungent odour of sweat. But oh, the good fortune of being allowed to stink."

« Je suis Ophélie, Antigone et Médée. Mon terrain de jeu, c'est la cour. Les artistes me vénèrent au détriment des autres. Je fréquente les mêmes salons de coiffure et les mêmes boutiques que les baronnes. Je me rends à des soirées exclusives et je bois le champagne le plus cher. Et pourtant, au bout du compte, je préfèrerais être ma sœur. Grosse, misérable, vivant dans une odeur âcre de sueur. Quelle chance elle a d'avoir le droit de sentir mauvais. »

"Ik ben Ophelia, Antigone en Medea. Ik speel aan het hof. Kunstenaars vereren mij die geen ander zelfs maar een blik gunnen. Ik kom in kapsalons en kledingzaken waar baronessen vertoeven. Ik ga naar exclusieve feesten en drink de duurste champagne. En toch zou ik aan het einde van de dag liever mijn zuster zijn. Dik, luizig en met een penetrante zweetgeur. Maar oh, het geluk om te mogen stinken."

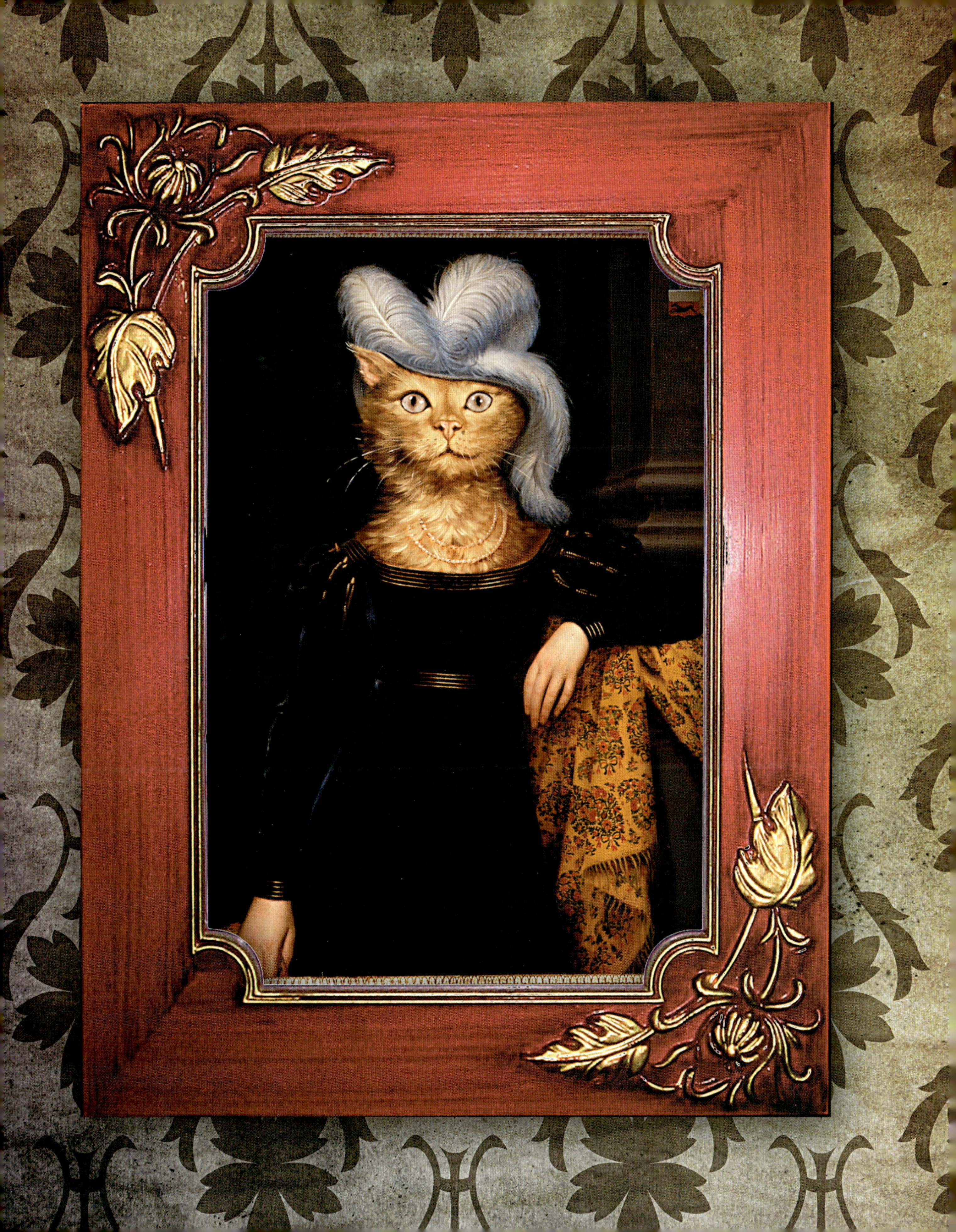

Rodney White

"It was in the pub. Mister Poncelet asked me why I was in such deep contemplation. Before I knew it, I was telling him about my five children, my youth, the girls. I described my once beautiful wife, my own sagging body. And I spoke of my son's fiancée. Oh, heavenly creamy Rosie. Days open and close, and before we know it we are old."

« J'étais au pub. Monsieur Poncelet m'a demandé pourquoi j'étais si pensif. Sans même m'en rendre compte, je lui parlais de mes cinq enfants, de ma jeunesse, des filles. Je décrivais ma belle femme d'autrefois, mon propre corps flasque. Et j'ai parlé de la fiancée de mon fils. Ô, céleste Rosie si laiteuse. Les jours se suivent et avant même qu'on n'ait le temps de s'en rendre compte, on est vieux. »

"Het was in de kroeg. Mijnheer Poncelet vroeg me naar de oorzaak van mijn diep gepeins. Voor ik het wist, vertelde ik hem over mijn vijf kinderen, mijn jeugd, de meisjes. Ik beschreef mijn ooit prachtige vrouw, mijn eigen uitgezakte lijf. En ik sprak over de verloofde van mijn zoon. Oh, heerlijk romige Rosie. Dagen gaan open en dicht, en voor we het weten zijn we oud."

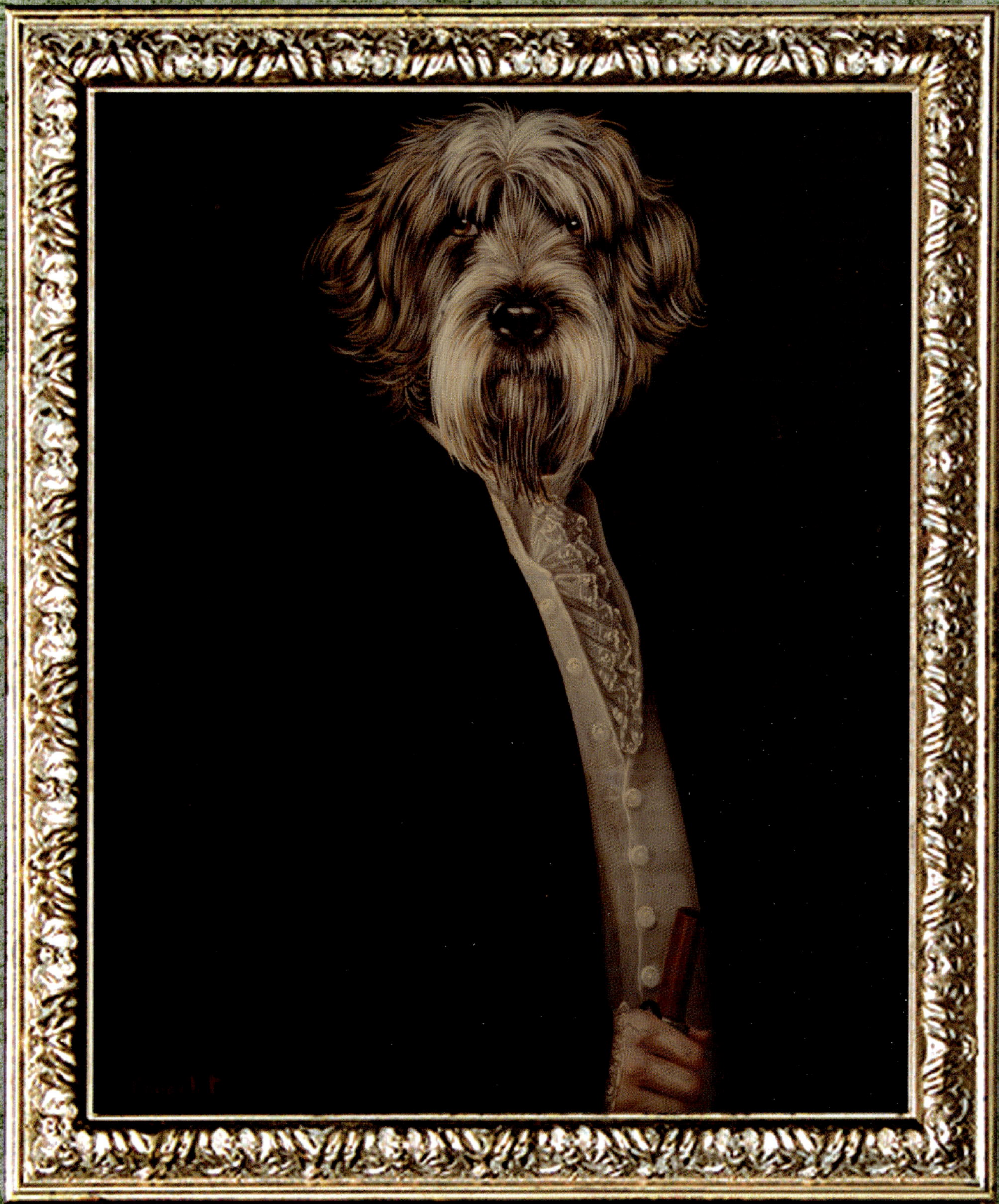

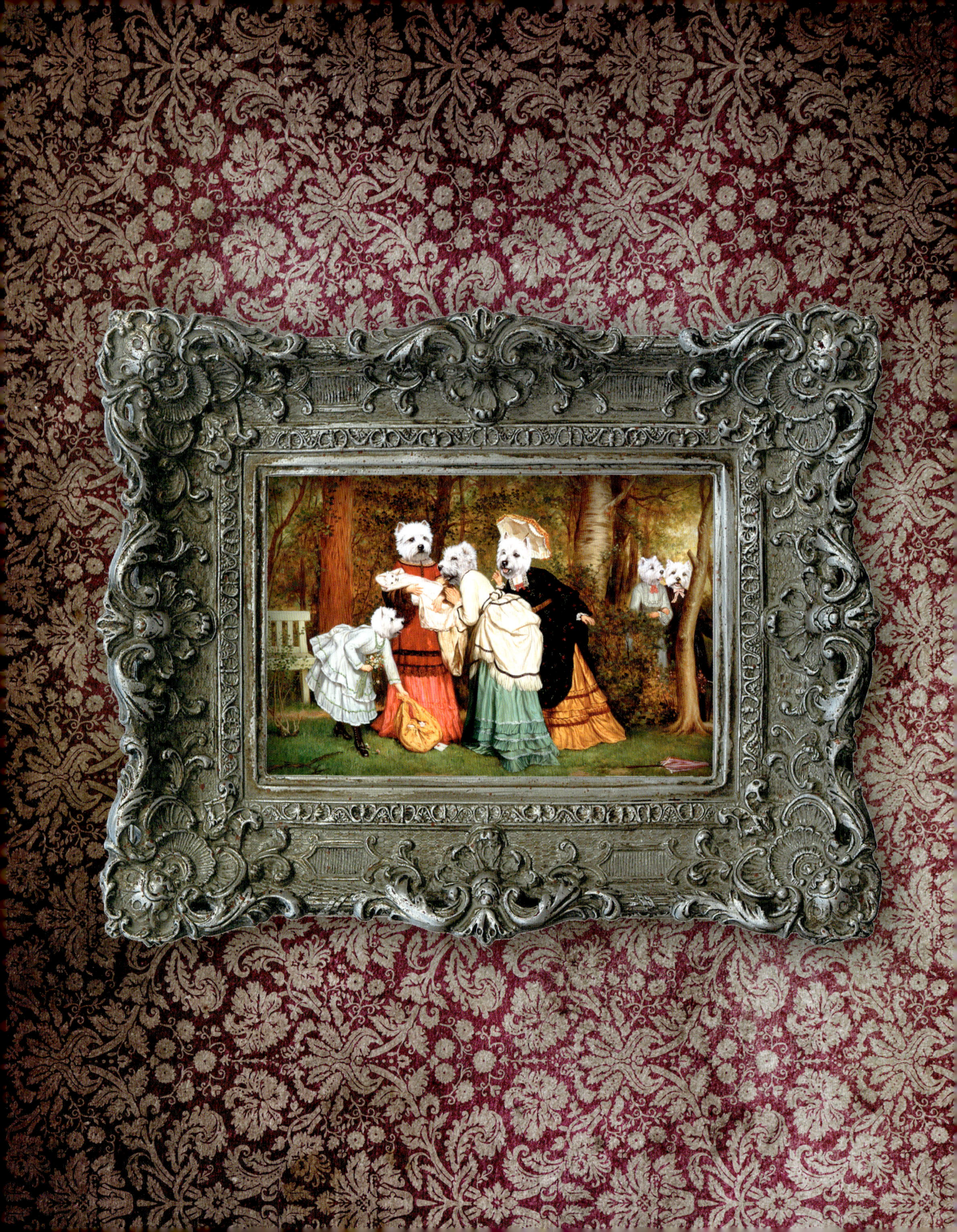

Chitchat

While Miss Elisabeth and Mrs Price (right) light-heartedly discuss the new armchair in Lord Loveless's foyer, and Margereth (left) places a bunch of wild flowers into her bag for the ten-years- older but very amiable Tom Churchill, brand-new mother Mrs Elton's brain shuts down. Jane and Lydia hang drooling and panting over the new-born, and everyone is in seventh heaven thanks to this wonderful baby. "Is this all there is to life?" Emma Elton wonders.

Pendant que Mademoiselle Elisabeth et Monsieur Price (à droite) discutent le cœur léger du nouveau fauteuil du vestibule de Lord Loveless, et que Margareth (à gauche) met un bouquet de fleurs sauvages dans son sac pour Tom Churchill – dix ans de plus qu'elle mais fort aimable – le cerveau de Madame Elton, qui vient d'être mère, se bloque. Jane et Lydia, baveuses et haletantes, se penchent sur le nouveau-né et tout le monde est au septième ciel à la vue de ce merveilleux bébé. « Est-ce donc tout ce que la vie a à offrir ? », se demande soudain Emma Elton.

Terwijl Miss Elizabeth en Mrs. Price (rechts) onbezorgd het nieuwe zitmeubel in de salon van Lord Loveless bespreken, en Margareth (links) een bosje veldbloemen voor de tien jaar oudere maar zeer beminnelijke Tom Churchill in haar tas wil stoppen, gaat het licht uit in de bovenkamer van kersverse moeder Mrs. Elton. Jane en Lydia hangen kwijlend en hijgend boven de pasgeborene, en iedereen is in de zevende hemel met deze wolk van een baby. "Is dit dan alles?", vraagt Emma Elton zich af.

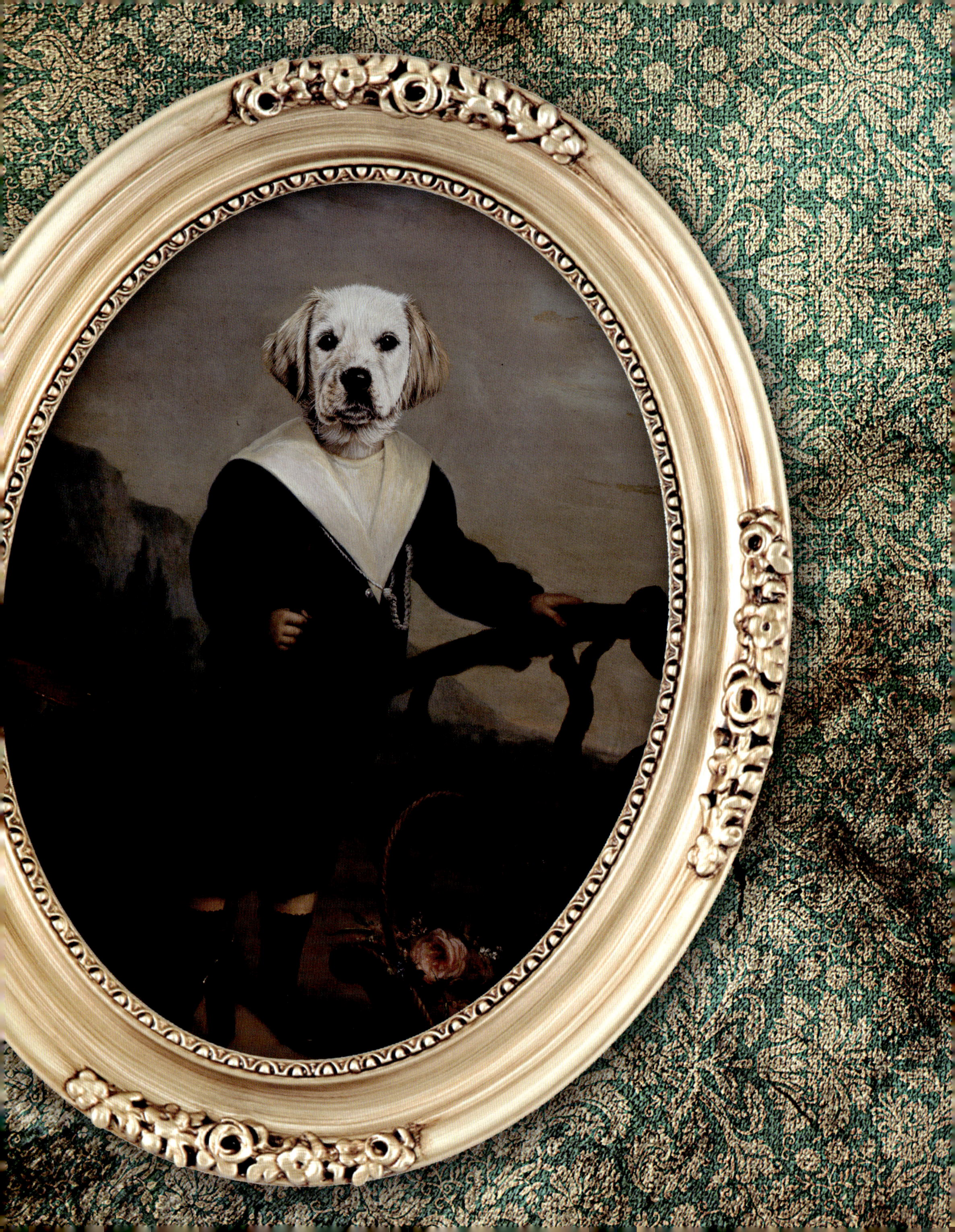

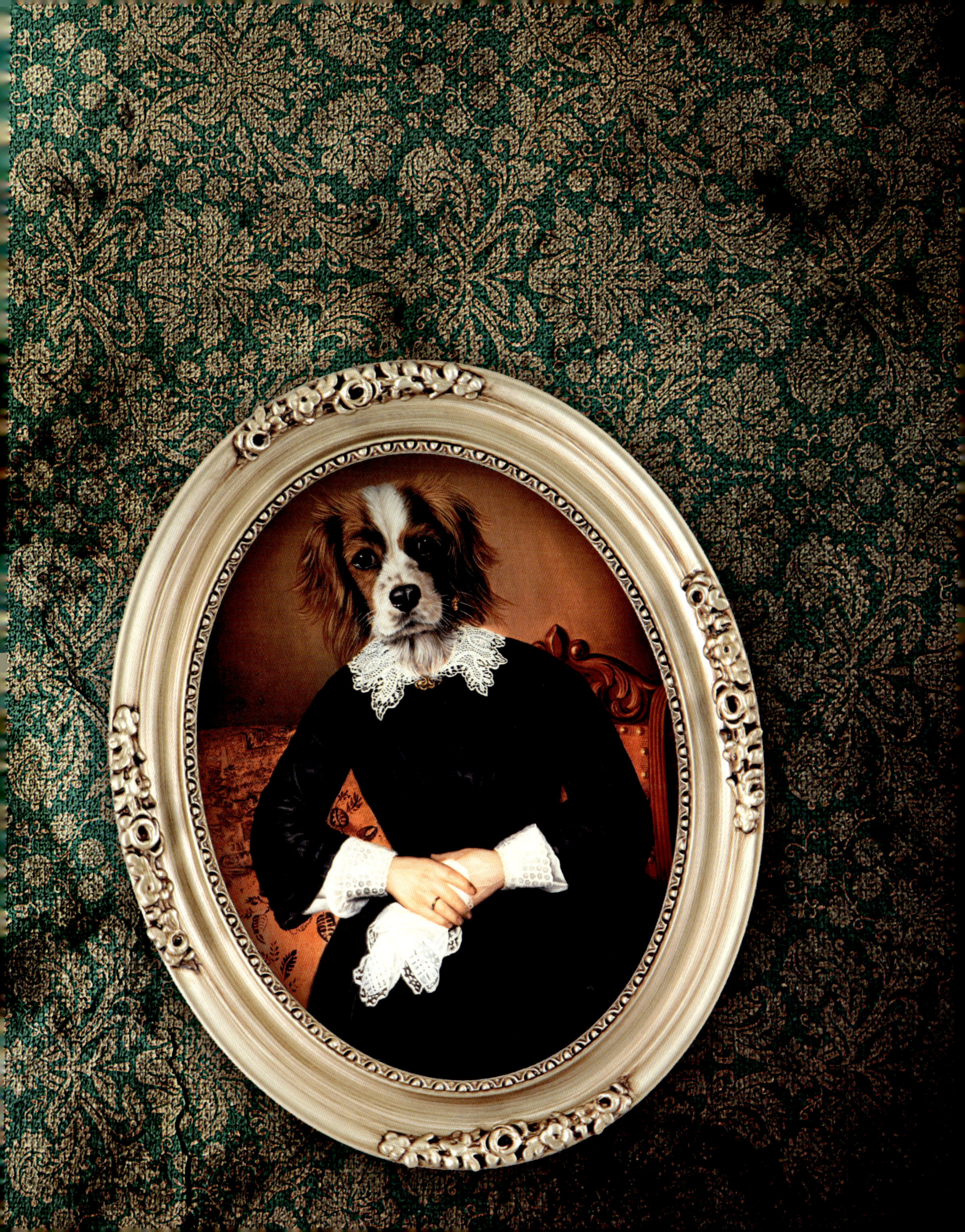

Lola & Anna Watson

"Our greatest heroes are Tom Sawyer and Huckleberry Finn. We would love to wear boys' clothes and live on a raft, and get to see the world. Curse out loud, not have to wash our faces every day or pray before eating. No more picking flowers, but hunting with a real gun. And picking our noses without anyone making a comment. Raids, looting, adventure and stolen roast chicken. Life."

« Nos plus grands héros sont Tom Sawyer et Huckleberry Finn. Nous adorerions porter des vêtements de garçons, vivre sur un radeau et partir découvrir le monde. Jurer tout haut, ne pas se laver le visage chaque jour ni prier avant chaque repas. Oubliée la cueillette des fleurs, allons chasser avec de vrais fusils ! Mettons-nous les doigts dans le nez sans que personne ne dise rien. Larcins, pillages, aventure et vol de poulet grillé. La vie, en somme. »

"Onze grootste helden zijn Tom Sawyer en Huckleberry Finn. Wat zouden we het fijn vinden om in jongenskleren op een vlot te leven, en zo de wereld te zien. Luidop vloeken, niet elke dag ons gezicht wassen of bidden voor het eten. Geen bloemen meer plukken, maar jagen met een echt geweer. En in onze neus peuteren zonder dat iemand daar wat van zegt. Rooftochten, plundering, avontuur en gestolen kip aan het spit. Het leven."

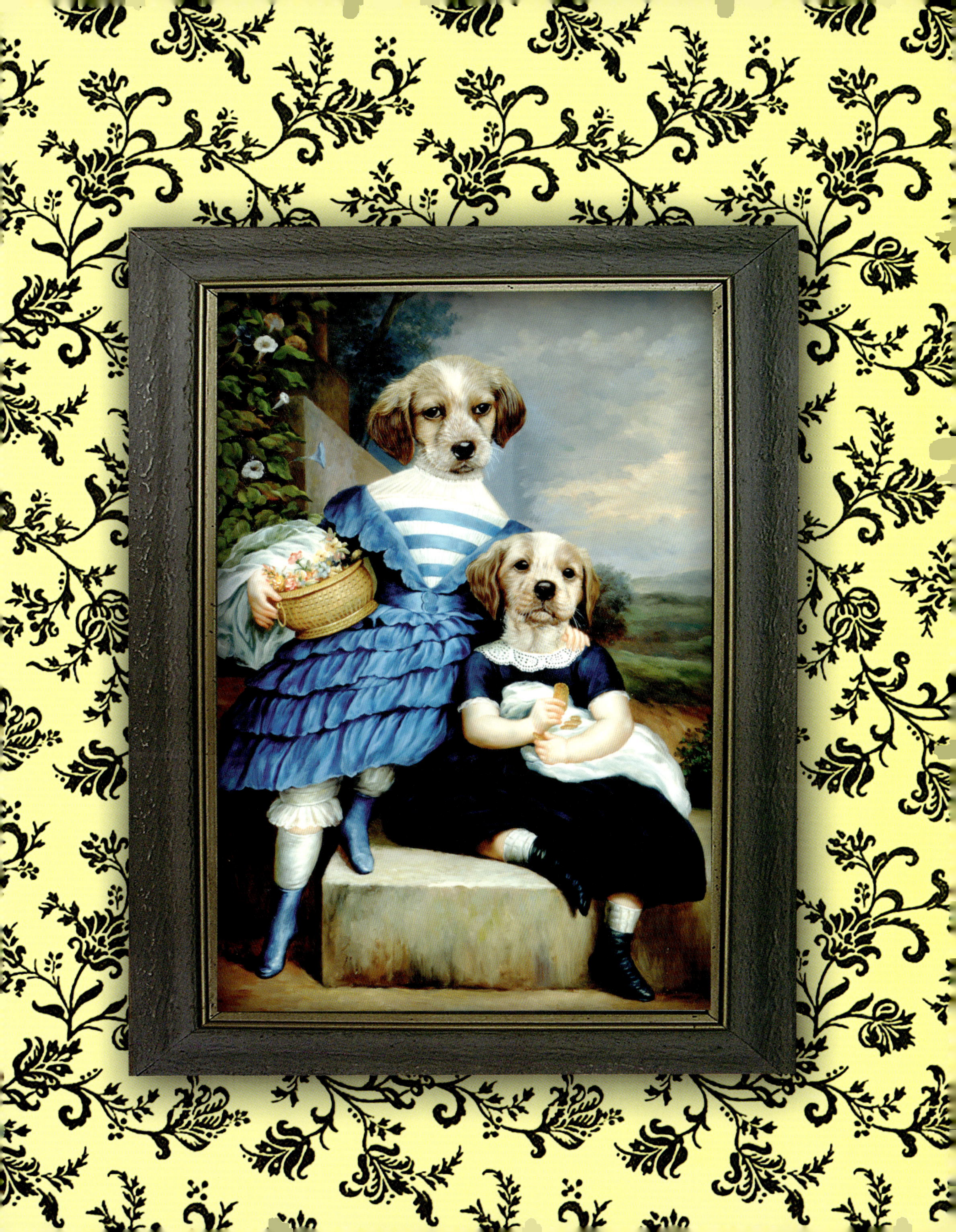

Hera Teniers

"My husband is a hunk. He has always looked great, but with getting older he has only improved. When he showed up late for dinner a few nights in a row, I began to wonder about his marital fidelity. It didn't take long before I started opening his mail, following him to work and hiding behind trees and rubbish bins. When I saw him whispering into a young lady's ear, I immediately packed his bags and kicked him out. Hopefully it was not a mistake."

« Mon mari est bel homme. Il a toujours été beau mais plus il vieillit plus il est séduisant. Ses retards au dîner se faisant de plus en plus fréquents, j'ai commencé à m'interroger sur sa fidélité conjugale. Très vite, je me suis mise à vérifier son courrier, à le suivre au travail, à me cacher derrière les arbres et les poubelles. Lorsque je l'ai vu chuchoter à l'oreille d'une jeune femme, j'ai immédiatement fait ses valises et je l'ai mis dehors. J'espère que ce n'était pas une erreur. »

"Mijn man is een lekker ding. Dat was hij vroeger al, maar met het ouder worden is hij er enkel op verbeterd. Toen hij een paar avonden op rij te laat aan het diner zat, stelde ik mij vragen bij zijn huwelijkse trouw. Het duurde niet lang of ik opende zijn post, volgde hem naar zijn werk en verschool me achter bomen en vuilnisemmers. Toen ik hem in het oor van een jongedame zag fluisteren, pakte ik terstond zijn koffers en gooide hem met veel lawaai op straat. Hopelijk was het geen vergissing."

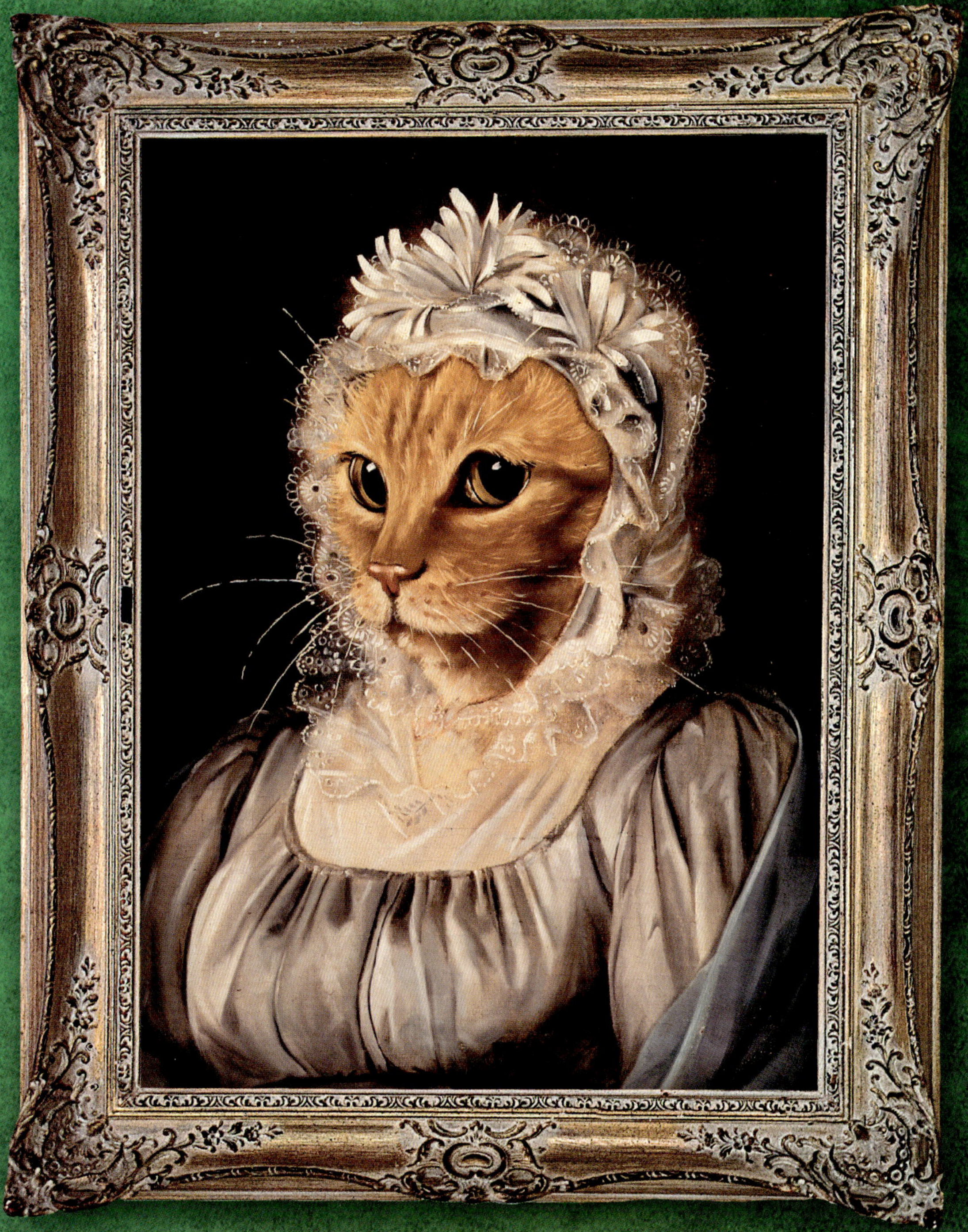

Commodore Johnny Lafitte

"As Commodore and captain, endearingly referred to as 'the old man' by my crew, I have been in command of fifteen different ships. I have survived a fire, and lost several vital body parts. I have hunted for pirates until I nearly became one myself. Moreover, after all these years, my sympathy for the pirate's life has outgrown my original convictions. I am just waiting for the right moment, although I suspect that a mutinous captain will be a surprise on any day."

« En tant que contre-amiral et capitaine, tendrement surnommé « le vieil homme » par mon équipage, j'ai été aux commandes de quinze navires différents. J'ai survécu à un incendie et j'ai perdu plusieurs organes vitaux. J'ai pourchassé des pirates à tel point que j'en suis presque devenu un. D'ailleurs, après toutes ces années, ma sympathie pour la vie de pirate a surpassé mes convictions initiales. J'attends simplement le bon moment, mais je suis sûr qu'un capitaine rebelle créera toujours la surprise. »

"Als Commodore en kapitein, door mijn bemanning vertederend 'ouwe' genoemd, heb ik het commando gehad over vijftien verschillende schepen. Ik heb een brand overleefd, en verschillende vitale delen van mijn lichaam verloren. Ik heb op piraten gejaagd tot ik er zelf bijna een werd. Meer nog, na al die jaren overheerst mijn sympathie voor het zeeroversleven mijn oorspronkelijke overtuigingen. Ik wacht nog op het juiste moment, al vermoed ik dat een muitende kapitein sowieso een verrassing zal zijn."

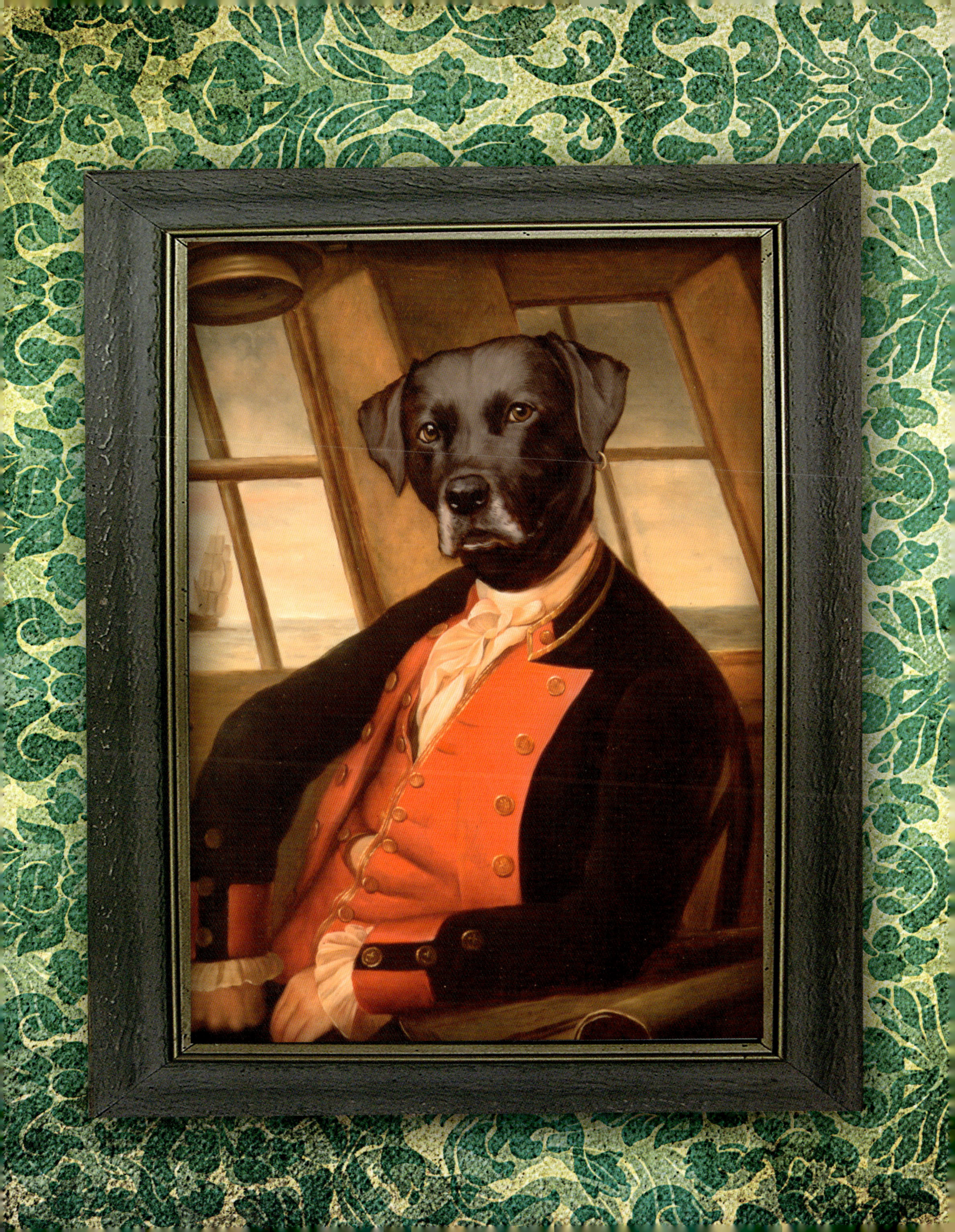

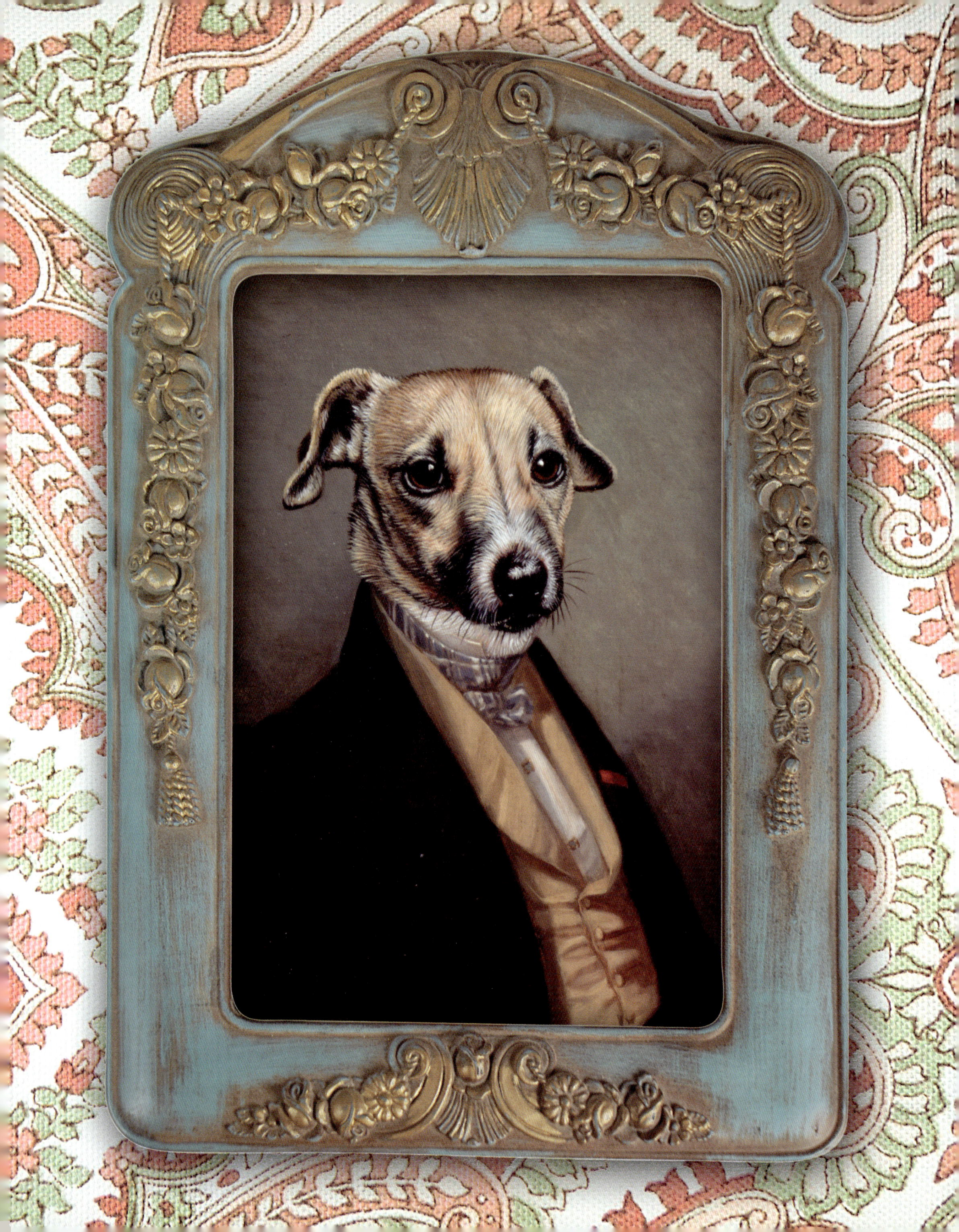

Aldo Cherniavsky

"I had to inform my best friend's lover that he had married her rival. In retrospect perhaps understandably, as the crazy woman immediately rushed at me and proceeded to sit on my throat. With great difficulty, I was able to tell her not to shoot the piano player. Very literally in this case: I am a concert pianist with a passion for Schumann. And for obese women."

« C'est moi qui ai dû apprendre à la maîtresse de mon meilleur ami qu'il s'était marié avec sa rivale. Rétrospectivement, je me dis qu'il avait sans doute pris la bonne décision puisque cette femme s'est immédiatement jetée sur moi et s'est assise sur mon gosier. C'est avec difficulté que j'ai réussi à lui dire de ne pas tirer sur le pianiste. Littéralement. Je suis pianiste concertiste passionné de Schumann. Et de femmes obèses. »

"Ik moest de geliefde van mijn beste vriend gaan vertellen dat hij met haar rivale was getrouwd. Achteraf misschien begrijpelijk, aangezien de zottin me onmiddellijk bestormde en met haar volle gewicht op mijn keel ging zitten. Met veel moeite kon ik uitbrengen dat ze niet op de pianist mocht schieten. Heel letterlijk in dit geval: ik ben concertpianist met een passie voor Schumann. En voor zwaarlijvige vrouwen."

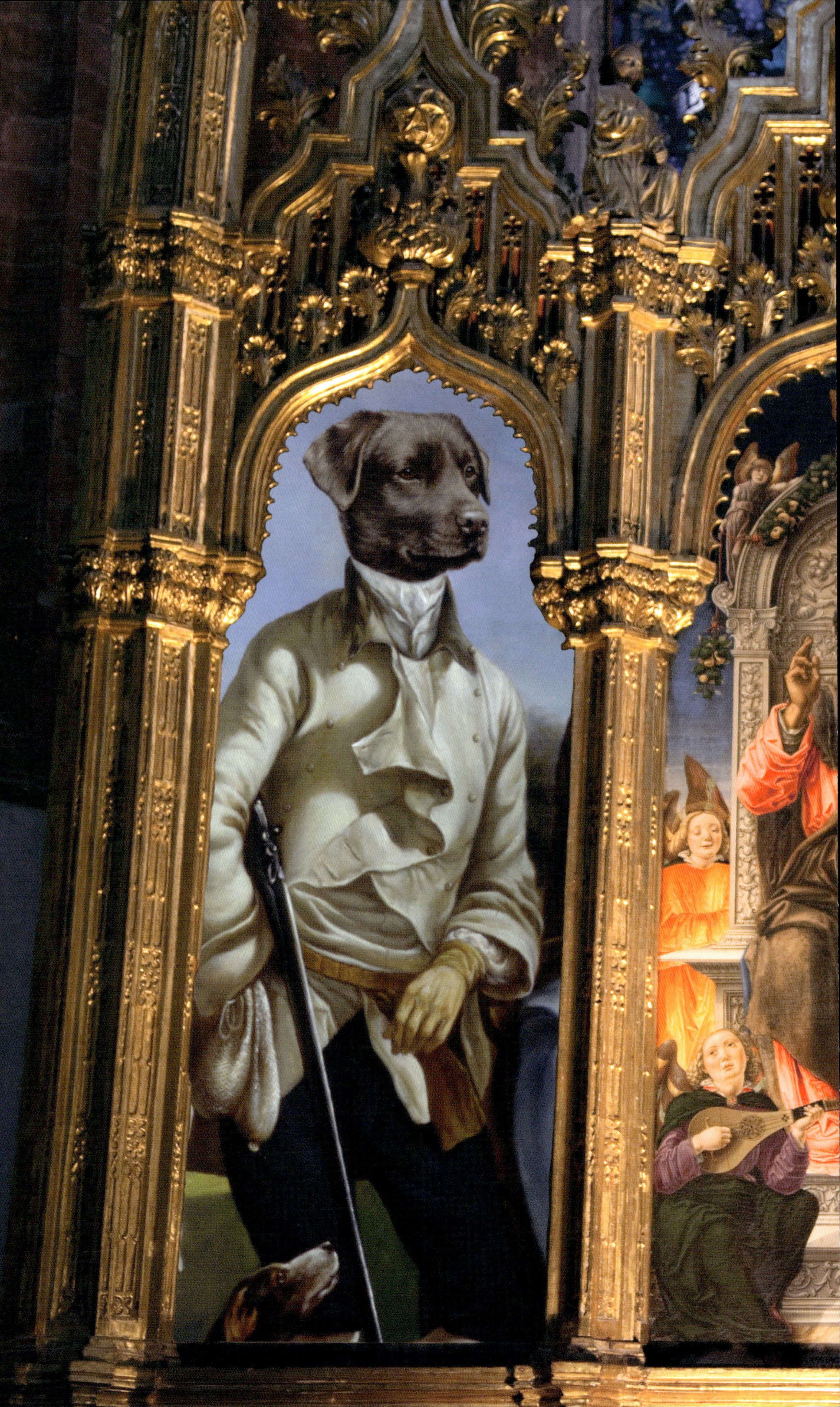

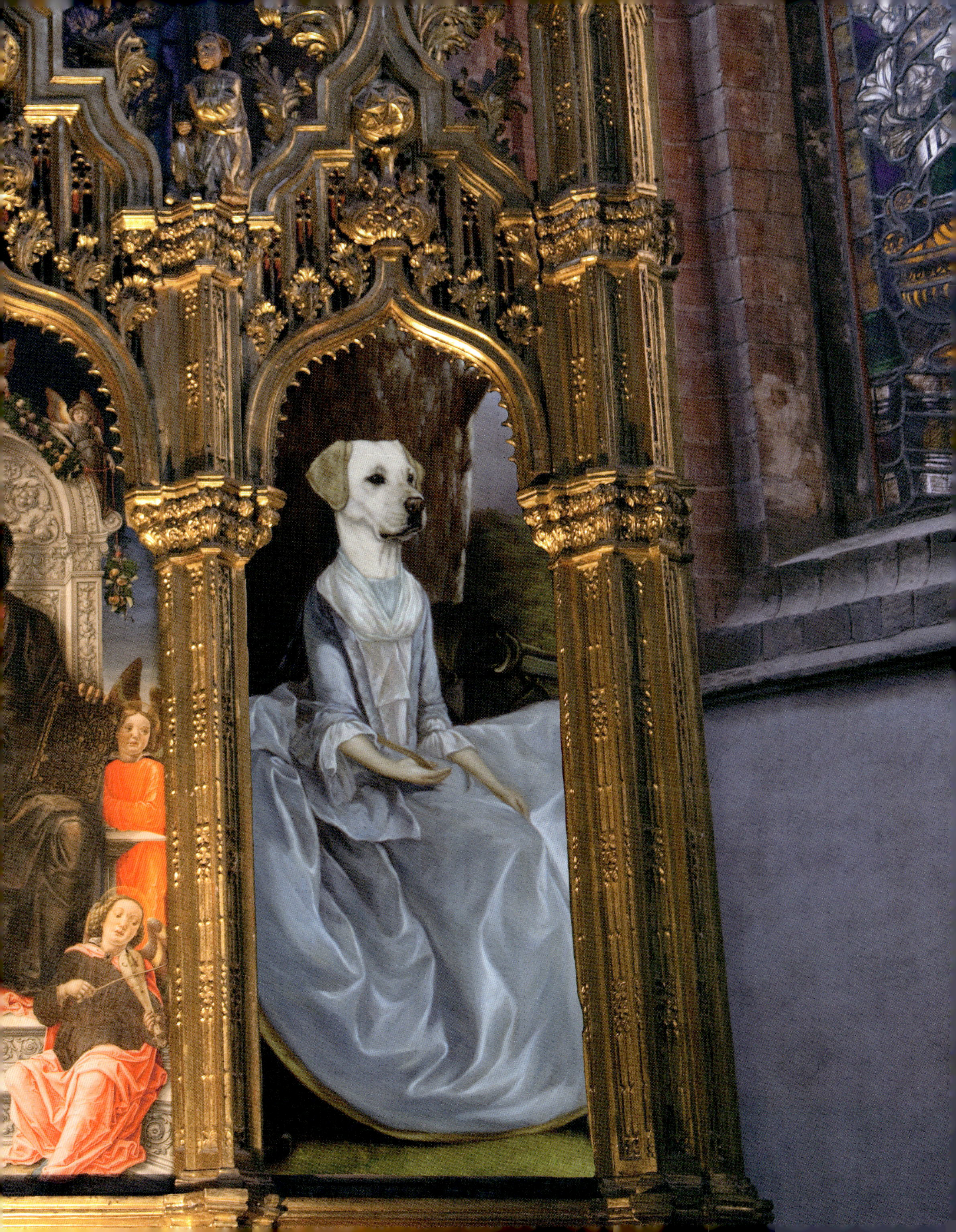

Emile Rousseau

"Since I am both an author of educational children's literature and also a gifted mussel picker, I have little time to study other people's work. I don't feel like it anyway. Although I don't easily doubt my own talent, it used to happen that I became overwhelmed by the work of another educationist. Not necessarily because of his brilliant insights, but mainly because of a sense of feeling betrayed. As if the writer is to blame for the capacities of my own, less astute mind. Not infrequently, I throw books into the fireplace."

« Étant moi-même à la fois auteur de littérature éducative pour les enfants et ramasseur de moules surdoué, j'ai peu de temps pour étudier le travail des autres. Je n'en ai pas envie de toute façon. Et bien que je ne doute pas facilement de mon propre talent, j'ai parfois été bouleversé par l'œuvre d'autres pédagogues. Pas nécessairement pour leurs idées brillantes, mais essentiellement à cause de ce sentiment de trahison. Comme si l'auteur était à blâmer pour mon manque d'ingéniosité. Il m'arrive – souvent – de jeter des livres dans la cheminée. »

"Daar ik naast auteur van pedagogische jeugdliteratuur bovendien een begenadigd mosselplukker ben, heb ik weinig tijd om andermans werk te bestuderen. Weinig zin ook, trouwens. Hoewel ik niet gauw twijfel aan mijn eigen talent, gebeurde het al dat ik overweldigd werd door het werk van een ander pedagoog. Niet per se vanwege diens geniale inzichten, maar voornamelijk door een verraden gevoel. Alsof de schrijver de schuld heeft aan de capaciteiten van mijn eigen, minder scherpzinnige brein. Niet zelden gooi ik met boeken naar de haard."

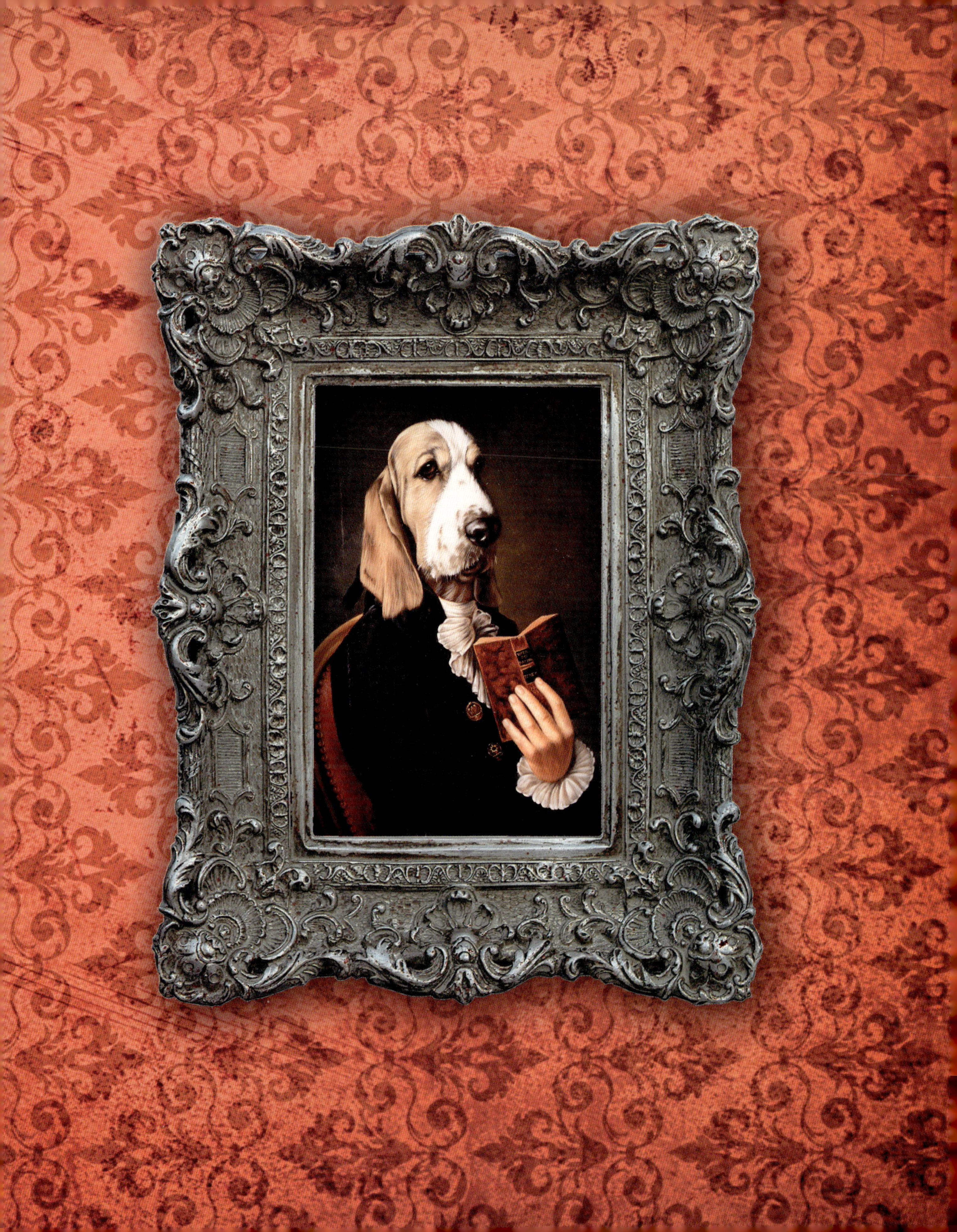

" If you eliminate smoking and gambling,
you will be amazed to find that almost
all an englishman's pleasures can be,
and mostly are, shared by his dog"

George Bernard Shaw

<< Si on enlève la cigarette et les paris, vous serez étonné de voir que presque tous les plaisirs d'un Anglais peuvent être, et le sont d'ailleurs, partagés par leur chien. >>

"Als je roken en gokken buiten beschouwing laat, zal je versteld staan hoeveel van de pleziertjes van een Engelsman mogelijk, en meestal effectief, gedeeld worden met zijn hon-

Gula

Gluttony – La gourmandise – Gulzigheid

Manfred Miller

"As a man of the cloth, theologian, fisherman and lover of great food, nothing human is alien to me. I prefer to take confession whilst enjoying a piece of dried ham with mustard. I love to listen to juicy stories, but I do want something to nibble on. My favourite sins are profanity, slander, lies, theft and adultery. Although I do enjoy a beer when listening to the latter."

« En tant qu'ecclésiastique, théologien, pêcheur et gourmet, aucune chose humaine ne m'est étrangère. Je préfère confesser en savourant une bonne tranche de jambon avec de la moutarde. J'adore écouter les histoires croustillantes, mais j'ai absolument besoin de grignoter quelque chose. Mes péchés préférés sont le blasphème, la calomnie, le mensonge, le vol et l'adultère. Et j'apprécie une petite bière lorsque j'écoute ce péché-là. »

"Als man van de clerus, theoloog, visser en geboren Bourgondiër, is niets menselijks mij vreemd. Ik neem het liefst van al de biecht af terwijl ik geniet van een stuk gedroogde ham met mosterd. Ik luister graag naar sappige verhalen, maar dan wil ik ook iets om te knabbelen.
Mijn favoriete ondeugden zijn godslastering, achterklap, leugens, diefstal en overspel. Al heb ik wel graag een biertje bij de hand wanneer ze over dat laatste beginnen."

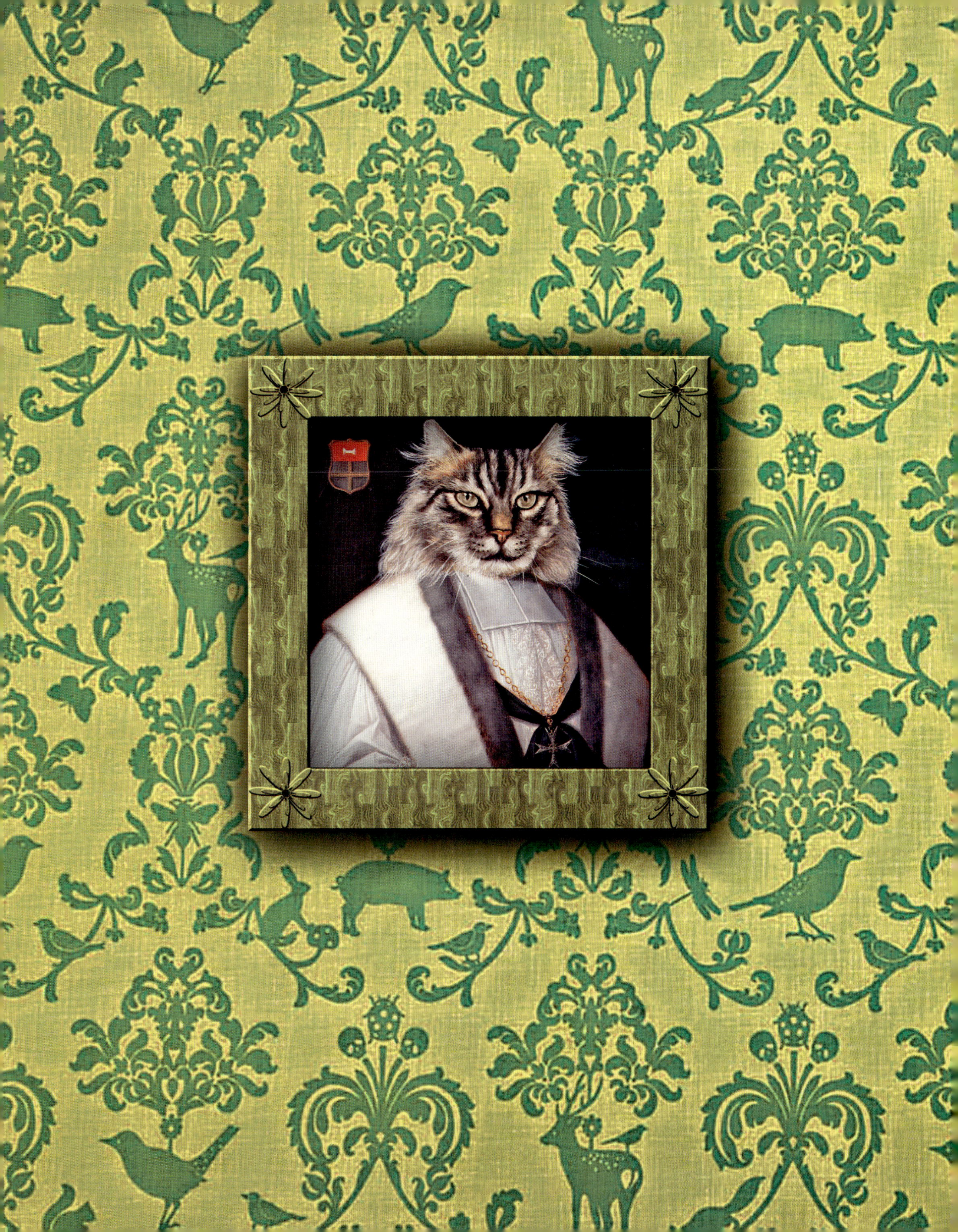

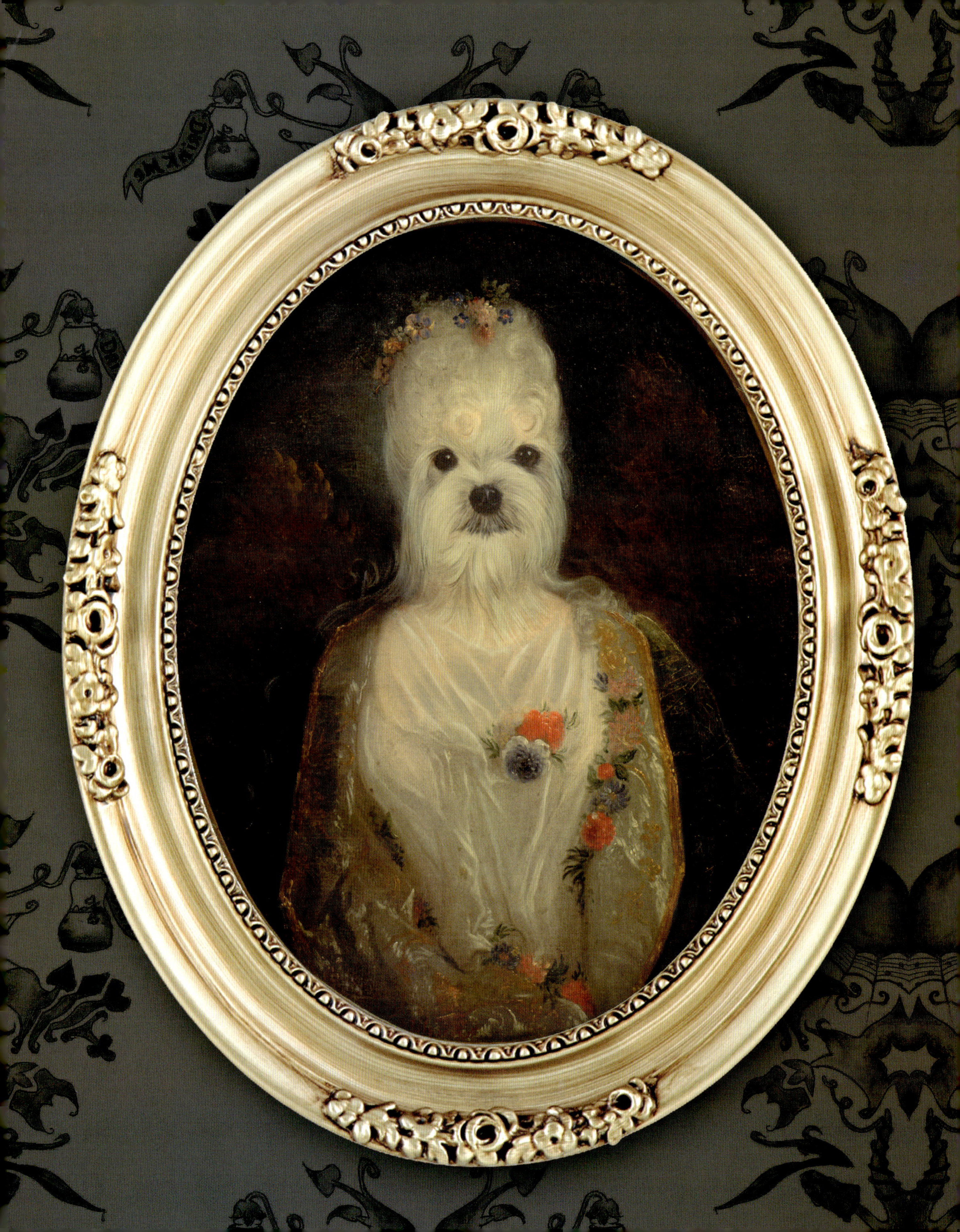

Ethel Poppy

"Everyone went to New York to make it, and so did I. I only showed my tail to men who could afford it. As the cliché goes, I sang in bars and enjoyed many narcotics. A wild, hot and festive time to which I often think back. Especially when my children are nagging. It helps that the drugs have made me quite apathetic, and therefore I don't have to react to anything."

« Tout le monde est allé à New York pour réussir. C'est ce que j'ai fait. Je n'ai montré ma queue qu'aux hommes qui pouvaient se le permettre. Et pour compléter le cliché, j'ai chanté dans les bars et j'ai consommé bien des drogues. Une époque sauvage et festive à laquelle je repense souvent. Spécialement quand mes enfants m'enquiquinent. Ce qui m'aide c'est que les drogues m'ont rendue apathique ; du coup je n'ai pas besoin de réagir à quoi que ce soit. »

"Iedereen ging naar New York om het te maken, en ik dus ook. Ik liet mijn staart enkel zien aan mannen die het zich konden veroorloven. Zoals het cliché wil, heb ik ook gezongen in bars en genoten van velerlei verdovende middelen. Een wilde zwoele feestelijke tijd waaraan ik nog vaak terugdenk. Voornamelijk wanneer mijn kinderen me rond de oren zeuren. Het helpt dat de drugs me flink apathisch hebben gemaakt, en ik dus helemaal nergens op hoef te reageren."

Tiger Banks & Miss Lolita

"You do not want to know what my fiancé has asked me to do in a correspondence disguised as a love letter. I will tell you anyway because it is simply too outrageous for words. He first declares his love for me, and then my love for him. After all, he is (according to himself) "very attractive, sharp-minded and wealthy." He goes on for a bit about his extraordinary physique, and then puts forward the following: that I can't be expected to keep all his beauty for only myself. And that he considers it not only a favour but even a task, that his future wife should share him with her own sister."

« Vous ne voulez pas savoir ce que mon fiancé m'a demandé de faire dans un courrier déguisé en lettre d'amour. Je vais quand même vous le dire car c'est tout simplement trop scandaleux pour être raconté. Il a d'abord déclaré son amour pour moi, puis mon amour pour lui. Après tout, il est (selon lui) « Très attirant, spirituel et riche. » Il s'étale un peu sur son physique extraordinaire puis déclare que je ne peux décemment pas garder toute cette beauté pour moi toute seule. Et qu'il considère que ce n'est pas une faveur mais un devoir pour sa future femme de partager sa personne avec sa propre sœur. »

"U wil niet weten wat mijn verloofde mij in een als liefdesbrief vermomd schrijven vraagt te doen. Ik vertel het u toch want het is simpelweg te hemeltergend voor woorden. Hij verklaart eerst zijn liefde voor mij, en dan mijn liefde voor hém. Hij is immers (naar eigen zeggen) "zeer aantrekkelijk, scherpzinnig en kapitaalkrachtig." Hij gaat nog even door over zijn buitengewone lichaamsbouw, en poneert dan het volgende: dat ik toch niet kan verwachten al dat moois voor mij alleen te houden? En dat hij het voor zijn toekomstige echtgenote dus niet zozeer als een gunst maar eerder als een taak beschouwt, hem te delen met haar eigen zuster."

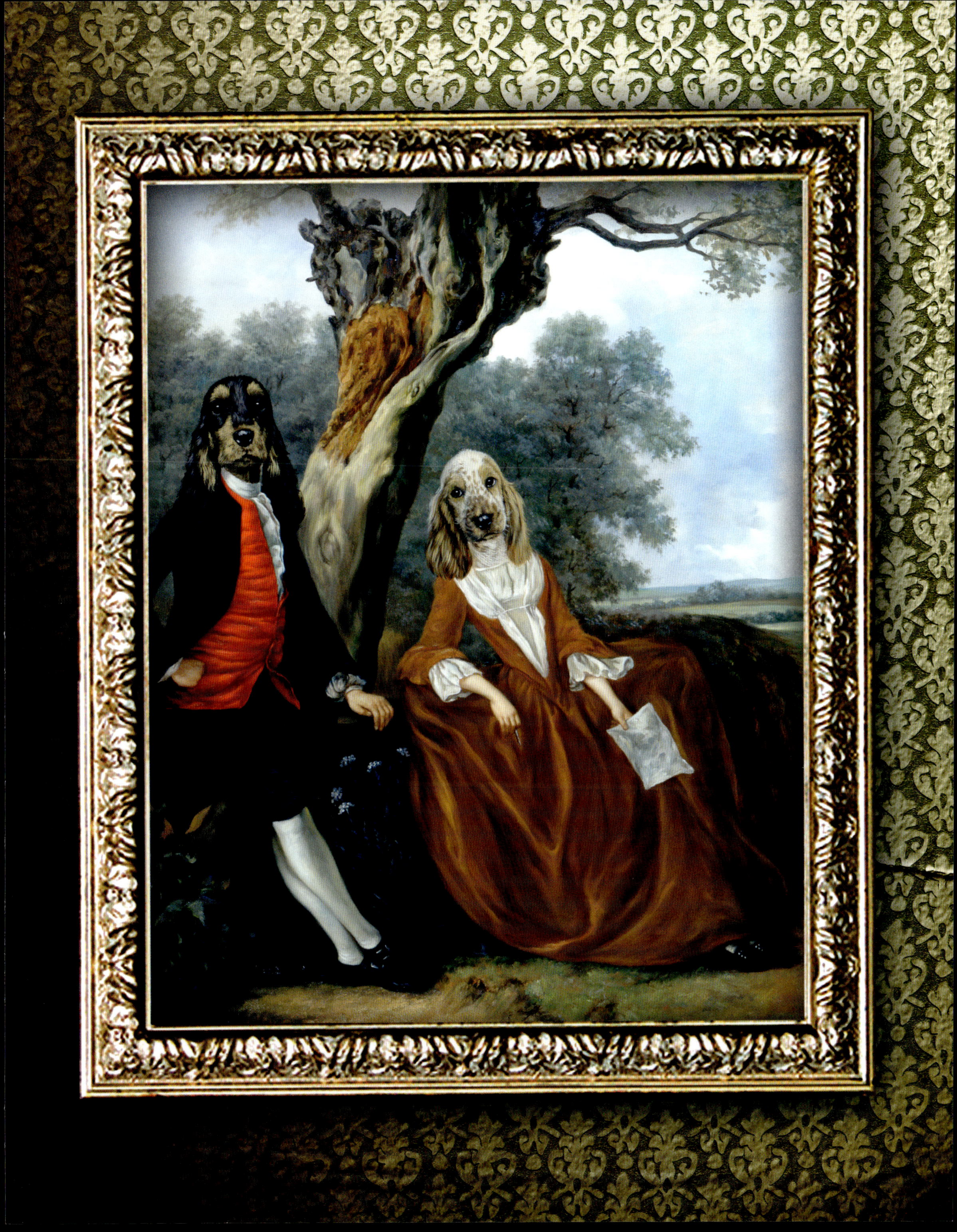

Croquet

Lord Loveless (far left) is very much in love with Miss Fierce (far right). Lord Checkmate (right) enjoys reminding him that he is nevertheless promised to Miss Fluff (at the back in red). Lady Lucy (middle) has enough money to get anyone she wants into bed. She purrs the loudest with Checkmate – her "beast in heat". Mrs Dalton (left in green) is trying to convince Loveless to participate in a threesome, but is finding it difficult to conceal her upset stomach – she drank too much of Fierce's home-distilled plum liqueur. The winner of the croquet-afternoon is Fluffy. This is due to the fact that she is the only one actually focusing on the game.

Lord Loveless (tout à fait à gauche) est très épris de Mademoiselle Fierce (tout à fait à droite). Lord Checkmate (à droite) aime lui rappeler qu'il est néanmoins promis à Mademoiselle Fluff (en arrière-plan, à droite). Lady Lucy (au milieu) est suffisamment riche pour attirer qui elle veut dans son lit. Elle ronronne on ne peut plus bruyamment avec Checkmate – sa « bête en chaleur ». Madame Dalton (à gauche en vert) essaye de convaincre Loveless de participer à un trio mais a du mal à dissimuler son estomac contrarié – elle abuse de l'eau de vie de quetsche de Fierce. Le vainqueur de l'après-midi de croquet est Fluffy. Simplement parce qu'elle est la seule à se concentrer vraiment sur le jeu.

Lord Loveless (uiterst links) heeft een stevige boon voor Miss Fierce (uiterst rechts). Lord Checkmate (rechts) herinnert hem er graag aan dat hij desondanks is beloofd aan Miss Fluff (achteraan in het rood). Lady Lucy (centraal) heeft geld genoeg om met iedereen die ze wil het bed te delen. Bij Checkmate – haar "bronstig beest" – kirt ze het luidst. Mrs. Dalton (links in het groen) probeert Loveless van een trio te overtuigen, maar heeft moeite haar oprispingen te verbergen – ze dronk wat te veel van Fierce's zelf gestookte pruimenlikeur. De winnaar van de croquet-middag is Fluffy. Zij is dan ook als enige met het spel bezig.

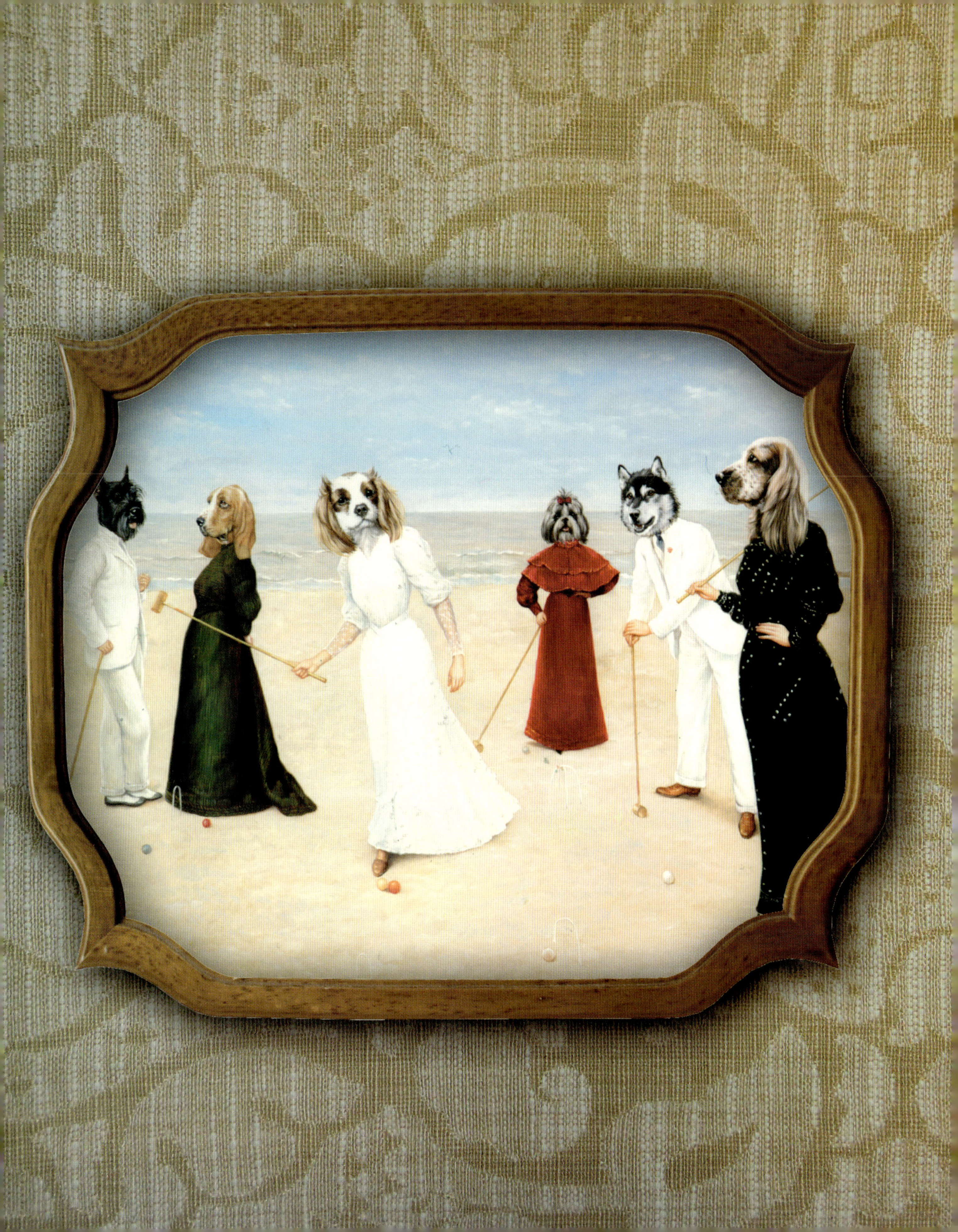

Kiki Clemantis

"I was born Filibert. Two months ago I changed my name to Kiki. The days of feeling misunderstood are finally in the past. My clothing and shoes now suit my name, just like my taste in music, art and hairstyle. Now if someone calls my name, I turn an elegant pirouette and answer, "Woohoo, c'est moi!". I feel like a fish in water, a hot dog in a bun, an American in Paris, a Kiki in a Filibert."

« Je suis né Philibert. Il y a deux mois j'ai changé mon nom pour Kiki. Le sentiment d'être incompris est enfin derrière moi. Mes vêtements et mes chaussures sont désormais en accord avec mon prénom, tout comme mes goûts musicaux, artistiques, ma coiffure. Désormais, lorsque quelqu'un m'interpelle, je virevolte élégamment et réponds « Youhou, c'est moi ! » Je me sens comme un poisson dans l'eau, une saucisse dans un hot dog, un Américain à Paris, un Kiki dans un Philibert ».

"Ik werd geboren als Filibert. Twee maanden geleden veranderde ik mijn roepnaam in Kiki. De tijd dat ik me misbegrepen voelde, is nu voorgoed voorbij. Mijn kledij en schoenen passen nu bij mijn naam, net zoals mijn smaak voor muziek, kunst en kapsels. Als er nu iemand mij roept, draai ik een elegante pirouette en antwoord ik "Joehoe, c'est moi!" Ik voel me als een vis in het water, een frietje in stoofvleessaus, een Amerikaan in Parijs, een Kiki in een Filibert."

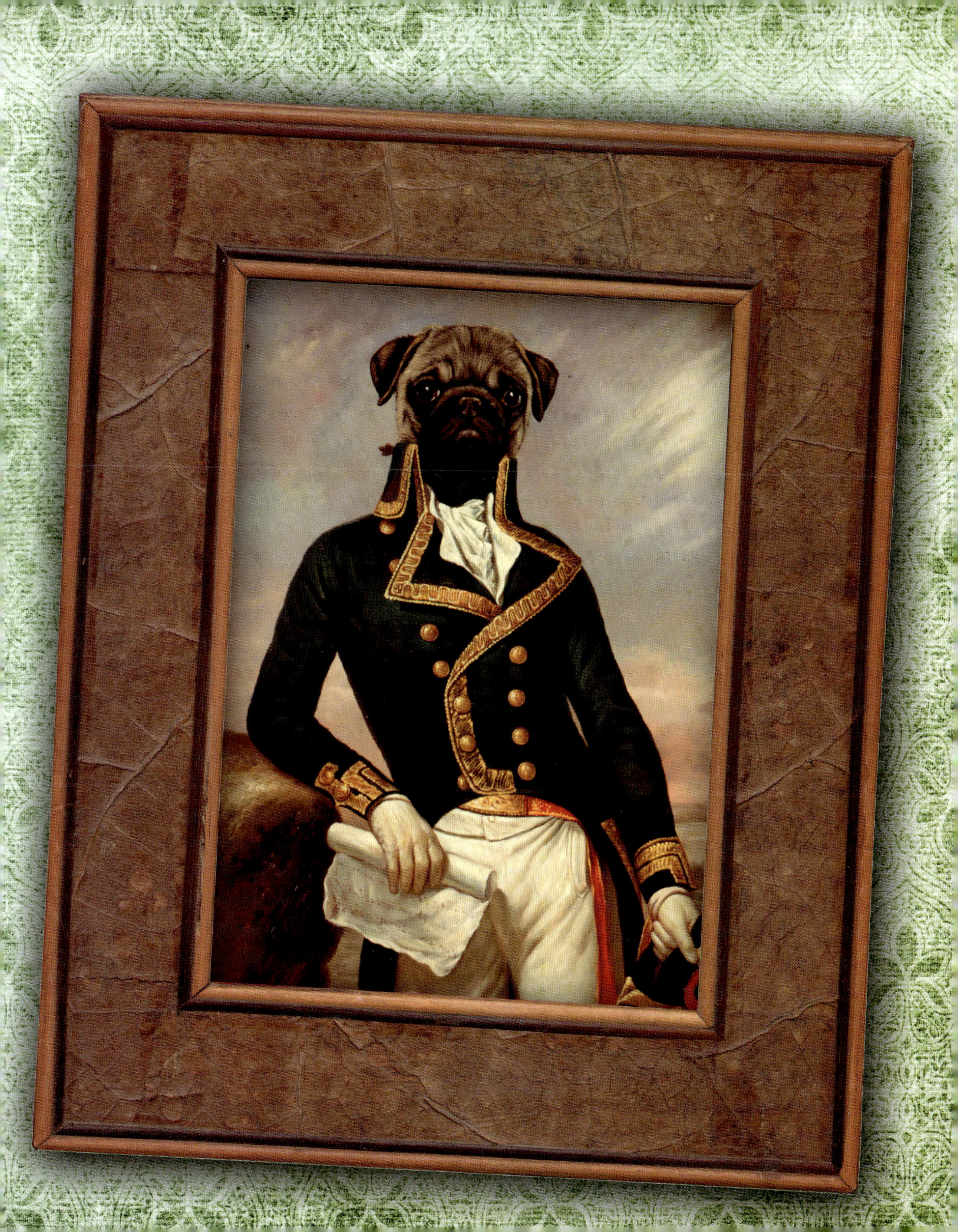

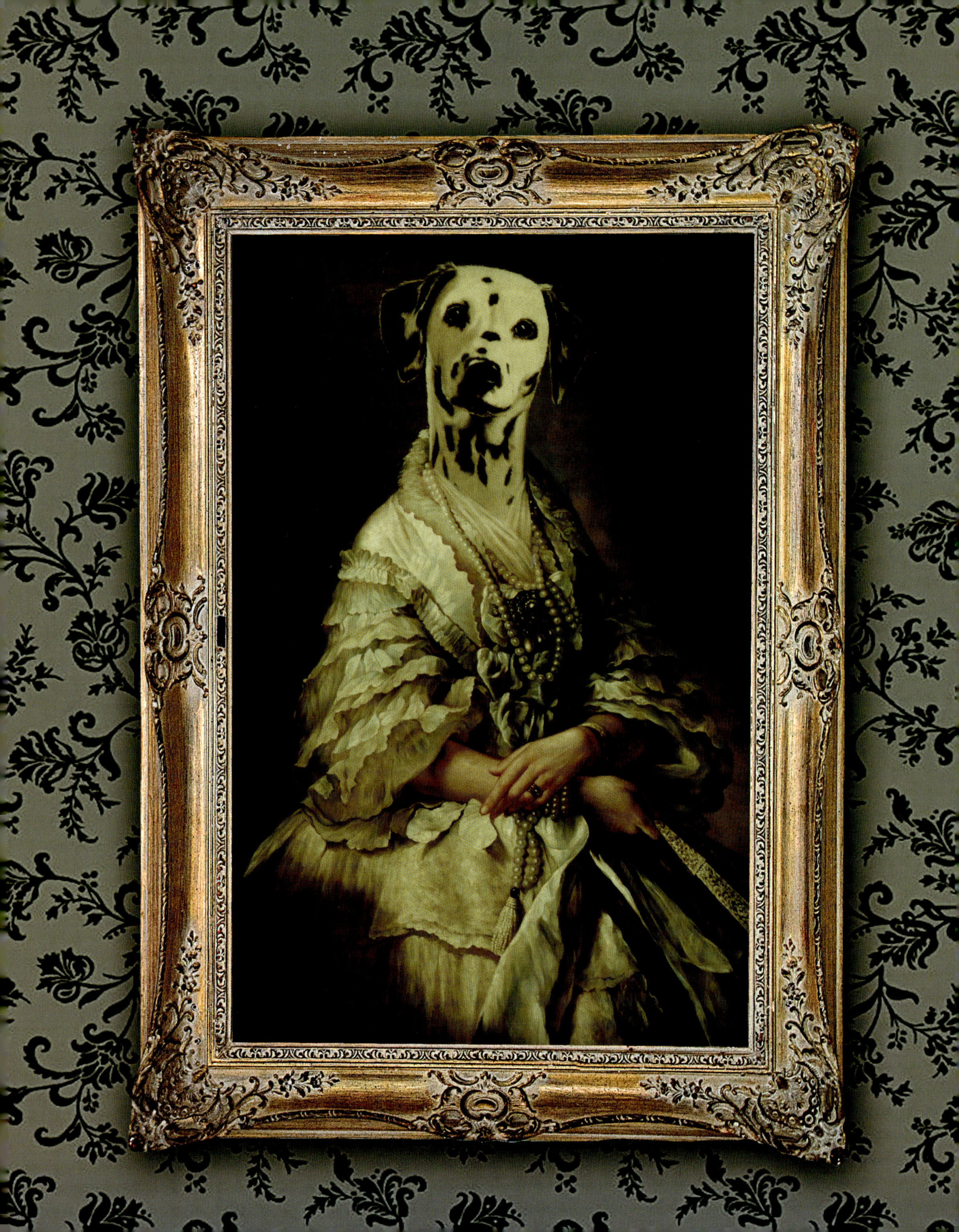

Adèle Baroness de Valentin

"If I don't reply affirmatively to one of my many marriage proposals soon, my father is going to disinherit me. I don't care about my money and title. I actually hope that daddy sends me away. To the rocky coasts of Brittany. Or to Borneo. Then I will be able to wear trousers and ride wild horses. I want to be a man and travel the world. Though I will miss the cream puffs."

« Si je ne réponds pas bientôt par l'affirmative à l'une des nombreuses demandes en mariage que l'on m'a faites, mon père va me déshériter. Je ne me soucie guère de l'argent et des titres. En fait, je nourris l'espoir que mon père me congédie. Qu'il m'envoie vers les côtes rocheuses de Bretagne. Ou à Bornéo. Je pourrai enfin porter des pantalons et monter sur des chevaux sauvages. Je veux être un homme et parcourir le monde. Même si les feuilletés à la crème vont me manquer. »

"Als ik niet gauw bevestigend antwoord op één van mijn vele huwelijksaanzoeken, zal mijn vader mij onterven. Mijn geld en titel kunnen me gestolen worden. Ik hóóp dat papa me wegstuurt. Naar de rotskusten van Bretagne. Of naar Borneo. Dan kan ik broeken dragen en op wilde paarden rijden. Ik wil een man zijn en de wereld zien. Al zal ik wel de slagroomsoezen missen."

Baziel Baardman

"My wife and I were happy for years. Until our youngest son moved out and she sat down in front of a plate of American pancakes. She never got up again. She ate and ate, devoured anything the cook put in front of her. And more. After twenty-seven days, four hours, sixteen minutes and two seconds she was done for. Now my wife has eaten herself to death, all that remains for me to do is to follow in her footsteps. I am presently writing up the extensive menu of my last days."

« Ma femme et moi avons été heureux pendant des années. Jusqu'au jour où notre plus jeune fils est parti et qu'elle s'est assise devant une assiette de pancakes. Elle ne s'est jamais relevée. Elle n'arrêtait plus de manger, dévorait tout ce que le cuisinier posait devant elle. Encore et encore. Au bout de vingt-sept jours, quatre heures, seize minutes et deux secondes, c'en était fini. Maintenant que ma femme a mangé à en mourir, tout ce qu'il me reste c'est de suivre ses traces. Je suis en ce moment même en train de rédiger l'interminable menu de mes derniers jours. »

"Mijn vrouw en ik waren jarenlang gelukkig. Tot ook onze jongste zoon het huis verliet en zij zich achter een bord Amerikaanse pannenkoeken zette. Ze is niet meer van haar plaats gekomen. Ze at en at, verorberde alles wat de kokkin haar voorschotelde. En meer. Na zevenentwintig dagen, vier uren, zestien minuten en twee seconden was het met haar gedaan. Nu mijn vrouw zich dood heeft gegeten, rest er mij enkel nog hetzelfde te doen. Ik schrijf nu aan het uitgebreide menu van mijn laatste dagen."

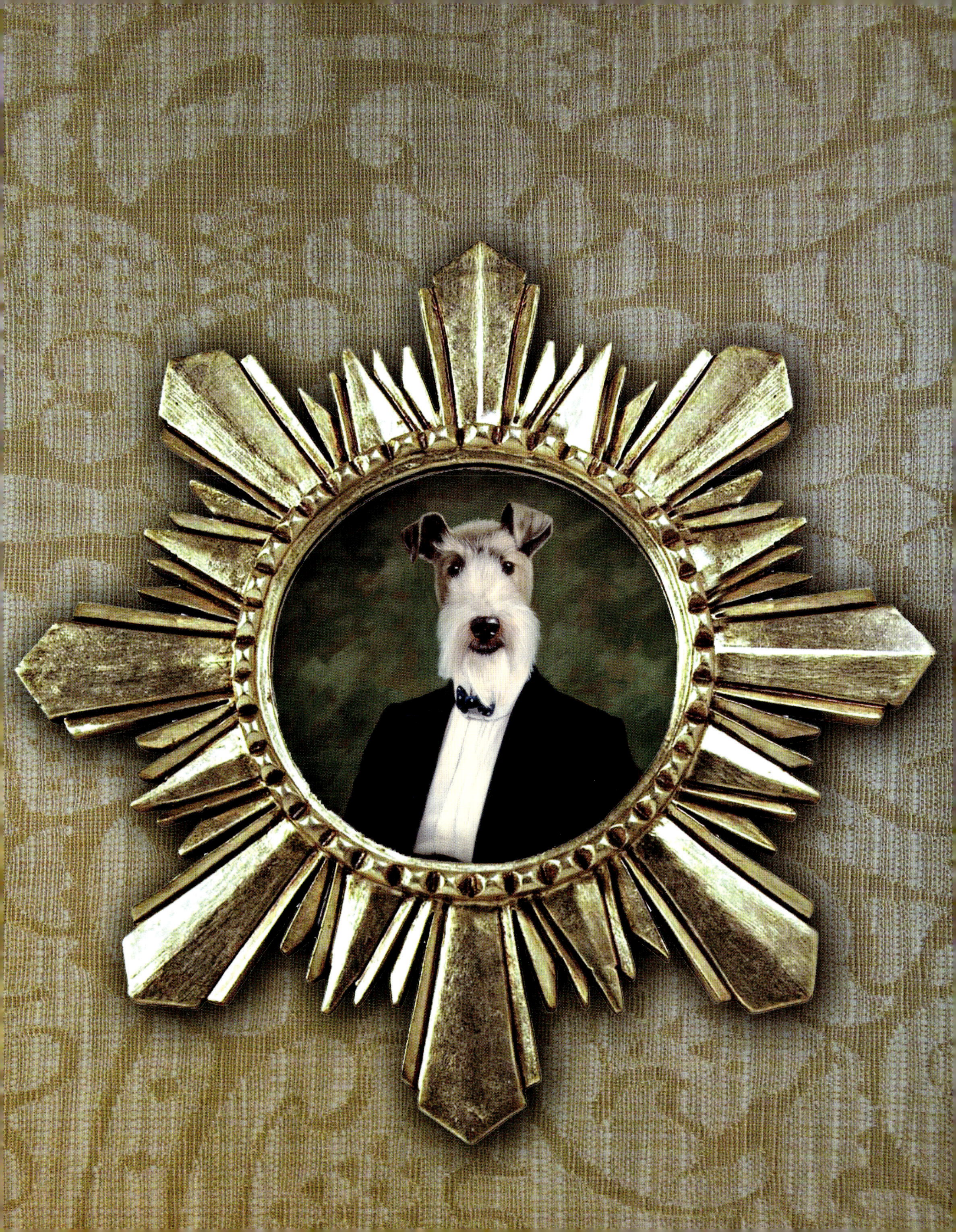

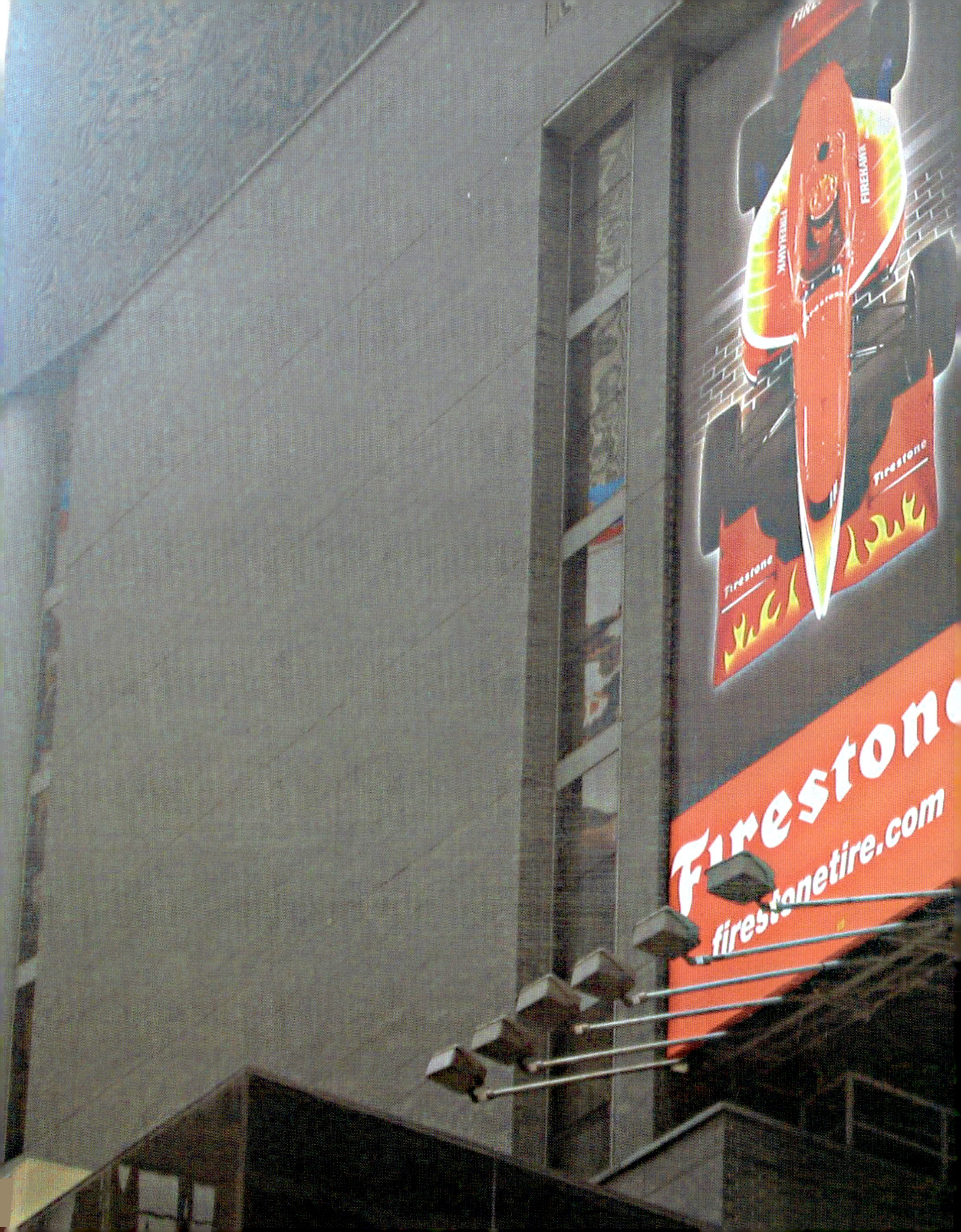
Firestone
firestonetire.com
Firestone
Firestone
FIREHAWK
FIREHAWK

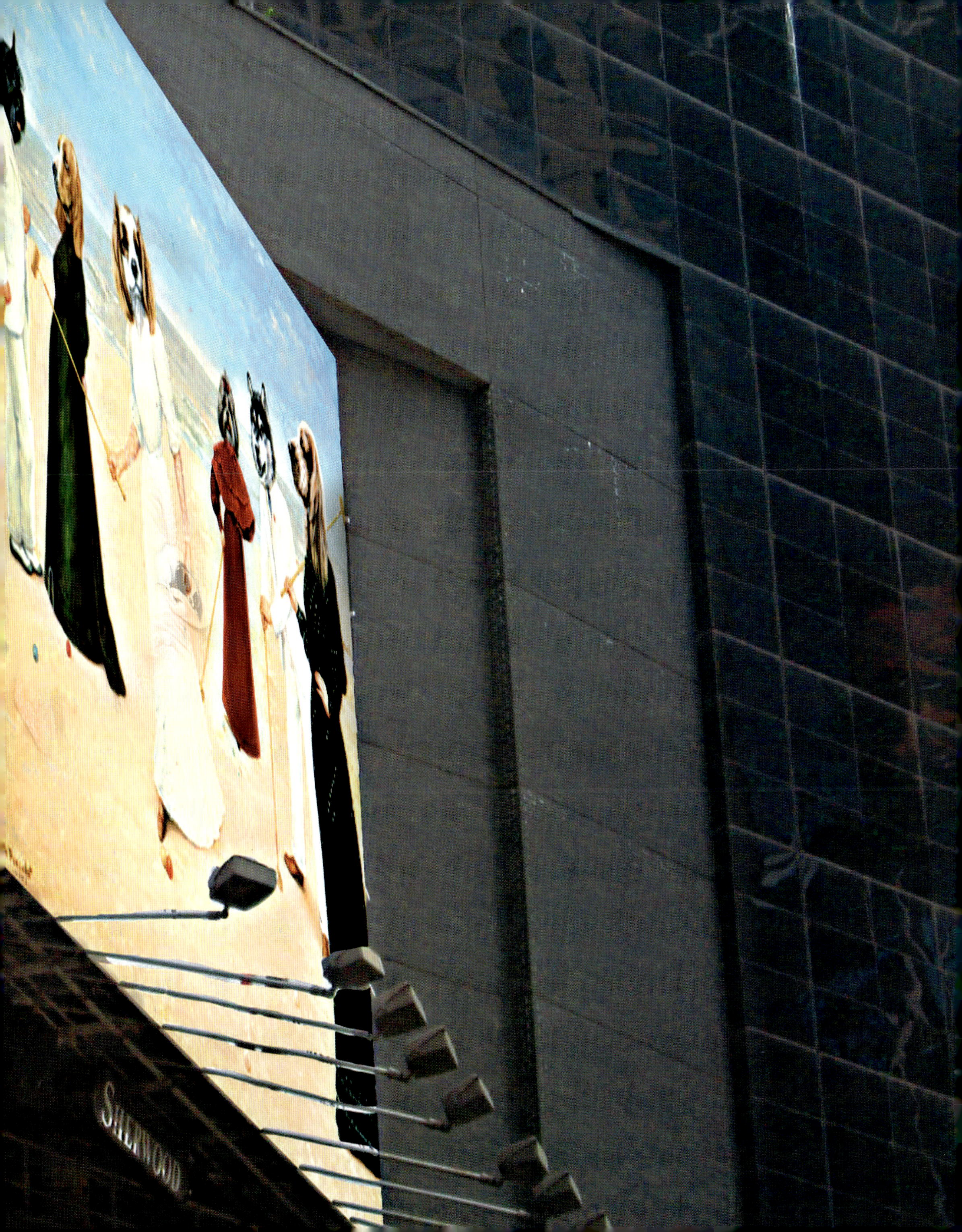
SHERWOOD

Kristofferson Fox

"I can run very fast, even faster than a horse and I am also great at digging holes and imitating animals, such as a turkey or a pig or even a lizard. I can do a handstand and stand on one leg and I can throw my dagger well and tie knots. I enjoy cutting the hair of my sister's dolls. And when it comes to drumming, I'm the best."

« Je cours très vite, plus vite qu'un cheval, et je suis également très bon pour creuser des trous et imiter les animaux, comme la dinde ou le cochon et même le lézard. Je sais faire l'équilibre et tenir sur une patte et je sais lancer le couteau et faire des nœuds. J'adore couper les cheveux des poupées de ma sœur. Quant aux percussions, je suis le meilleur. »

"Ik kan heel snel rennen, wel sneller als een paard en ik kan ook heel goed putten graven en dieren nabootsen, bijvoorbeeld een kalkoen of een varken of ook een hagedis. Ik kan op mijn handen staan en op één been en ik kan goed met mijn dolk gooien en knopen leggen. Ik knip graag de haren van de poppen van mijn zus. En trommelen, daar ben ik de beste in."

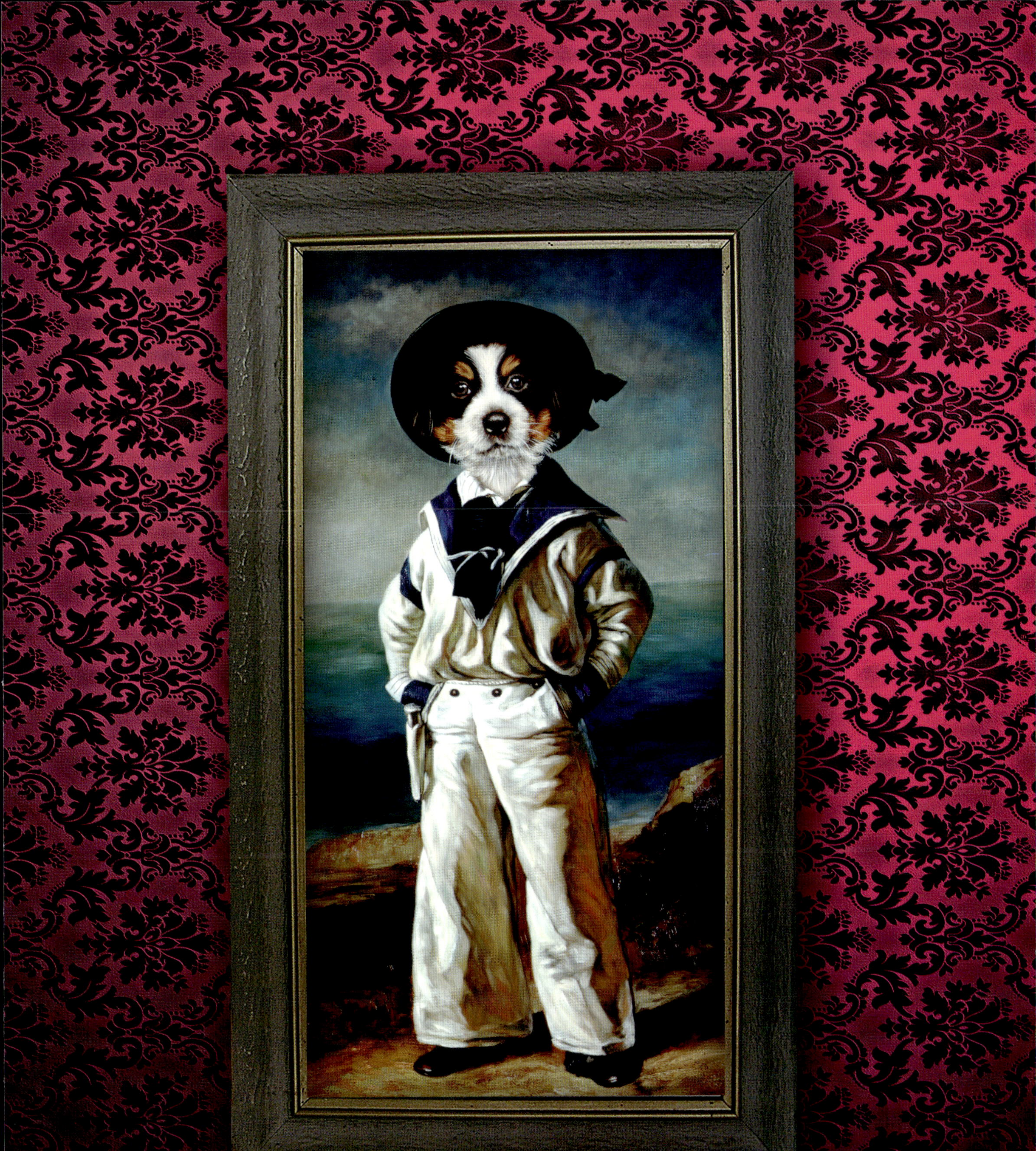

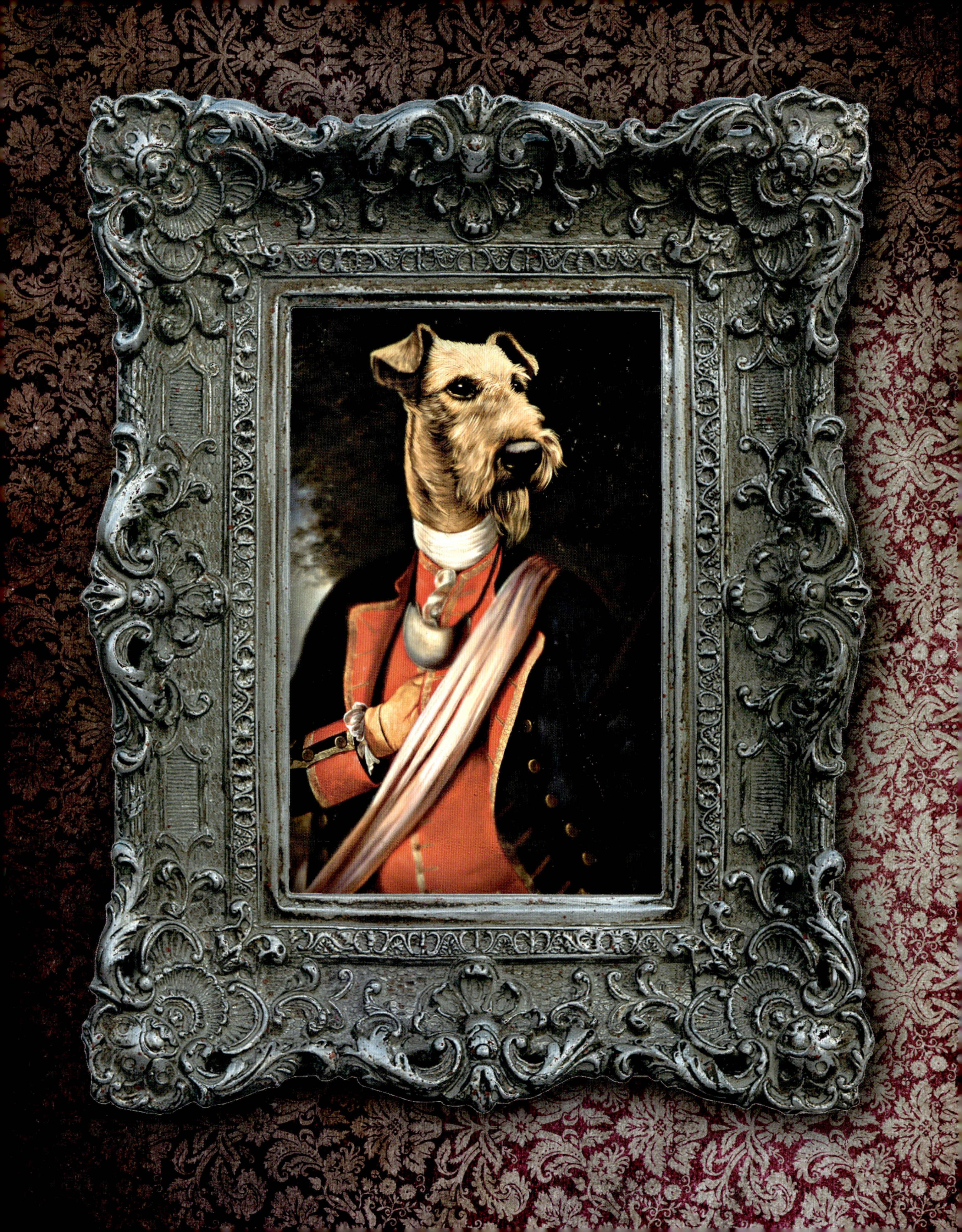

Peter Plenty

"What I desire from life, is simple: a lot. Of everything. Lots of potatoes, lots of meat, lots of women, lots of children, lots of beer, lots of wine, lots of partying, lots of fighting, lots of hunting, lots of swimming, lots of dancing, lots of sex, lots of yawning, lots of laughing, lots of falling, lots of raging, lots of clothes, lots of money, lots of love, lots of grease, lots of fish, lots of belching, lots of houses, lots of traveling, lots of breasts, lots of smoking, lots of playing. And lots of hair."

« Ce que j'attends de la vie ? C'est très simple : beaucoup. De tout. Beaucoup de pommes de terre, beaucoup de viande, beaucoup de femmes, beaucoup d'enfants, beaucoup de bière, beaucoup de vin, beaucoup de fêtes, beaucoup de bagarres, beaucoup de sorties de chasse, beaucoup de natation, beaucoup de danse, beaucoup de sexe, beaucoup de bâillements, beaucoup de fous rires, beaucoup de coups de gueule, beaucoup de vêtements, beaucoup d'argent, beaucoup d'amour, beaucoup de graisse, beaucoup de poisson, beaucoup de rots, beaucoup de maisons, beaucoup de voyages, beaucoup de seins, beaucoup de clopes, beaucoup de jeux. Et beaucoup de poils. »

"Wat ik van het leven verlang, is simpel: veel. Van alles. Veel aardappelen, veel vlees, veel vrouwen, veel kinderen, veel bier, veel wijn, veel feesten, veel vechten, veel jagen, veel zwemmen, veel dansen, veel vrijen, veel geeuwen, veel lachen, veel vallen, veel razen, veel kleren, veel geld, veel liefde, veel vet, veel vis, veel boeren, veel huizen, veel reizen, veel borsten, veel roken, veel spelen. En veel haar."

" If you are a dog and your owner suggests
that you wear a sweater,
suggest that he wear a tail. "

Fran Lebowitz

<< Si vous êtes un chien et que votre maître suggère que vous portiez un pull, suggérez-lui de porter une queue. >>
"Als je een hond bent en je baasje suggereert dat je een trui aantrekt, stel hem dan voor een staart te dragen."

Ira

Wrath - La colère - Woede

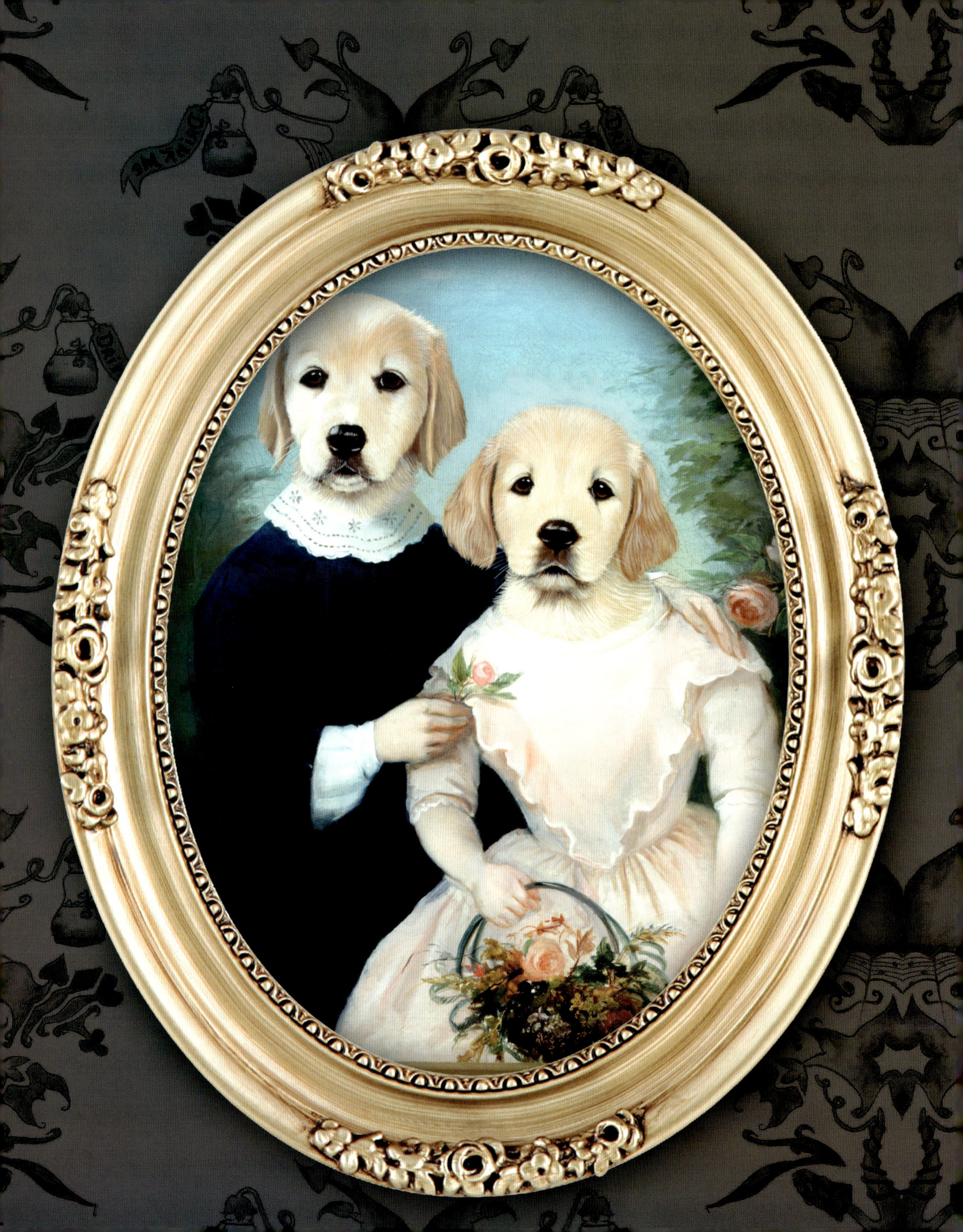

Buster & Bella Kraus

Due to Buster and Bella's embarrassment, their mother Karin Kraus will speak in their name: "At the time the portrait was being made, Bella was really upset. She had just found out how *The Little Mermaid* ended. That the half fish turns into foam because the prince chooses another, was something that she felt was disgraceful in a fairy tale. Buster wanted to cheer her up, but is quite clumsy at this, as in everything. He plucked roses for her, and she began to scream that flowers also feel pain. Yes, I have two sensitive children."

Buster et Bella étant trop embarrassés pour parler, c'est leur mère Karin Kraus qui s'exprime en leur nom : « Au moment du portrait, Bella était bouleversée. Elle venait de découvrir la fin de *La petite sirène.* Quand elle se transforme en écume parce que le prince en choisit une autre. Elle trouvait cela scandaleux dans un conte de fée. Buster essayait de la réconforter, mais il est assez maladroit pour ce genre de choses, comme pour le reste d'ailleurs. Il avait cueilli quelques roses et elle s'était mise à crier que les fleurs ressentent aussi la douleur. Eh oui, j'ai deux enfants sensibles ! »

Tengevolge van de verlegenheid van Buster en Bella spreekt hun moeder, Karin Kraus, in hun naam: "Bella was op het moment dat het portret werd gemaakt helemaal van slag. Ze had net het einde van *De Kleine Zeemeermin* vernomen. Dat die halve vis in schuim verandert omdat de prins voor een ander kiest, was voor haar ongehoord in een sprookje. Buster wilde haar opfleuren, maar is daar nogal onhandig in, zoals in alles. Hij plukte rozen, en zij begon te brullen dat ook bloemen pijn ervaren. Ja, ik heb twee gevoelige kinderen."

Frida Frickel of Varna

"After having posed yesterday, I told to my chambermaid Adèle (the one with the ugly freckles) that she must never marry. Not getting married is the smartest thing I have ever done. A woman's body is her sacred temple, which must be protected from men's greedy claws. I could not be happier. Really. Out of the question. Impossible."

« Après avoir posé hier, j'ai dit à ma femme de chambre Adèle (celle qui a d'horrible taches de rousseur) de ne jamais se marier. Ne pas me marier est la meilleure chose que j'aie jamais faite. Le corps d'une femme est son temple sacré, elle doit le protéger des griffes avides des hommes. Je ne pourrais être plus heureuse. Vraiment. C'est impensable. Impossible. »

"Ik zei gisteren na het poseren nog tegen mijn kamermeid Adèle (die met de lelijke sproeten) dat ze nooit mag trouwen. Niet te trouwen is het slimste dat ik tot nu toe heb gedaan. Het lichaam van een vrouw is een tempel die beschermd moet worden tegen mannenklauwen. Gelukkiger dan ik kan men niet zijn. Echt niet. Uitgesloten. Onmogelijk."

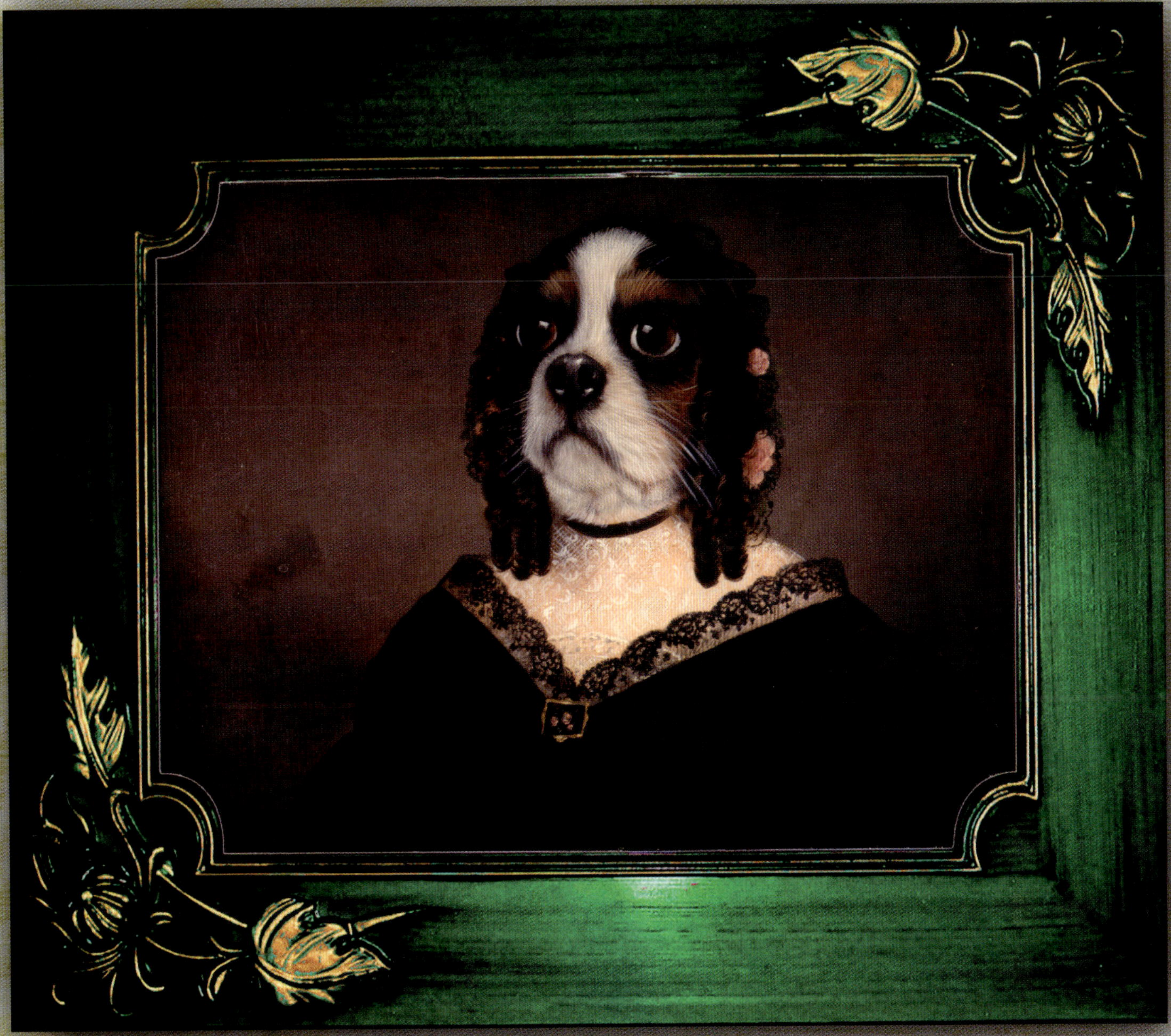

Ashton Murray

"I am only twelve years old, but smart enough to want to flee from my unmistakable Oedipus complex. When I have raided all the piggy banks and socks in the house, and gathered the best vagabond clothes from the closet, I will leave my parental house. I will become a sailing nomad and will travel the whole world without my wretched father, in search of a woman as beautiful as my mother."

« Je n'ai que douze ans mais je suis suffisamment intelligent pour vouloir échapper à mon incontestable complexe d'Œdipe. Dès que j'aurai cassé toutes les tirelires et vidé tous les bas de laine de la maison, je quitterai la demeure familiale. Je serai marin et voguerai sur les mers du monde loin de mon misérable père, à la recherche d'une femme aussi belle que ma mère. »

"Ik ben nog maar twaalf, maar slim genoeg om mijn uitgesproken oedipuscomplex te willen ontvluchten. Wanneer ik alle spaarvarkens en sokken uit het huis heb leeggeroofd, en de beste zwerverskleren uit de kast verzameld, verlaat ik het ouderlijk huis. Ik word een zeilende nomade en zonder mijn lamzalige vader vaar ik dan de hele wereld af, op zoek naar een vrouw zo mooi als mama."

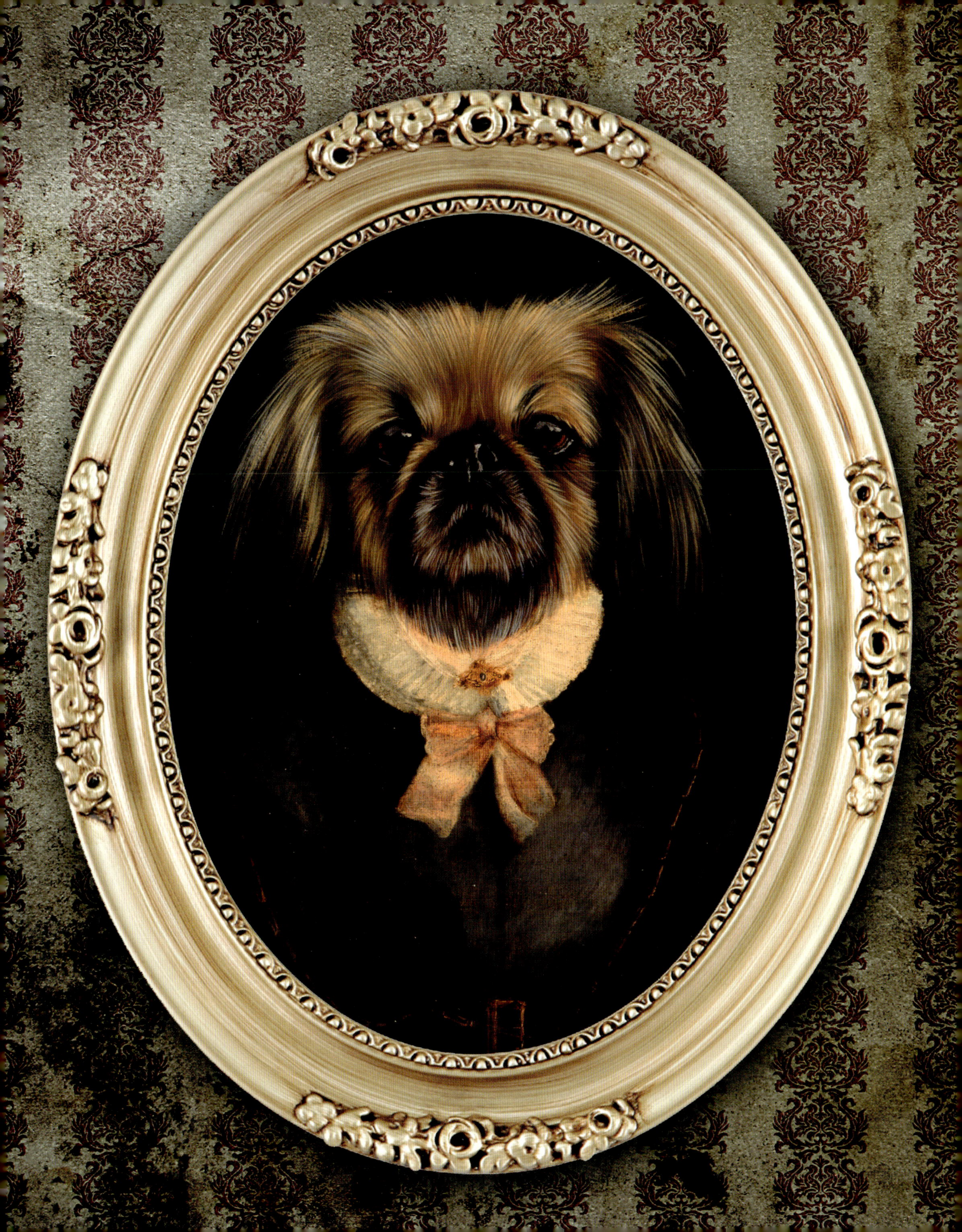

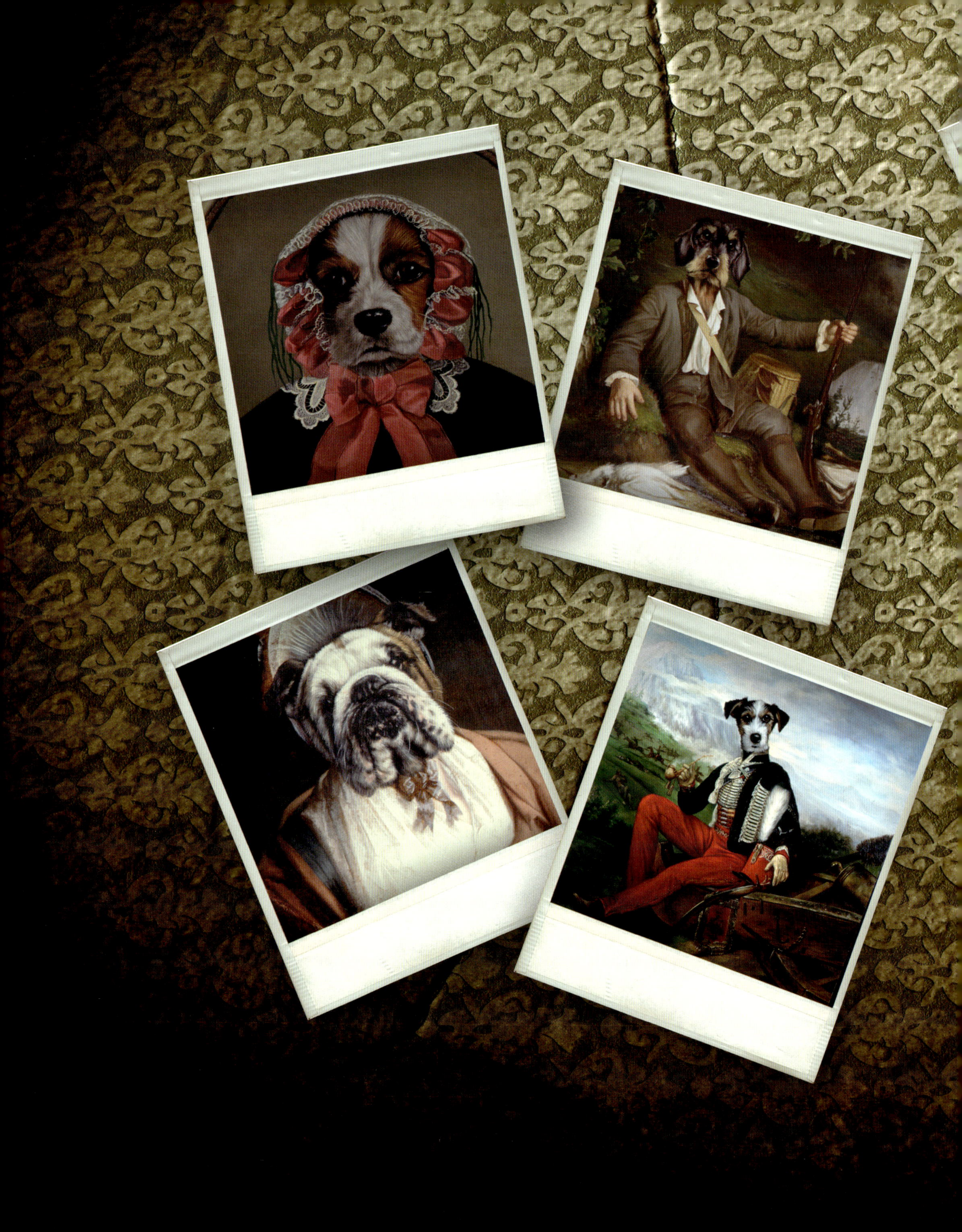

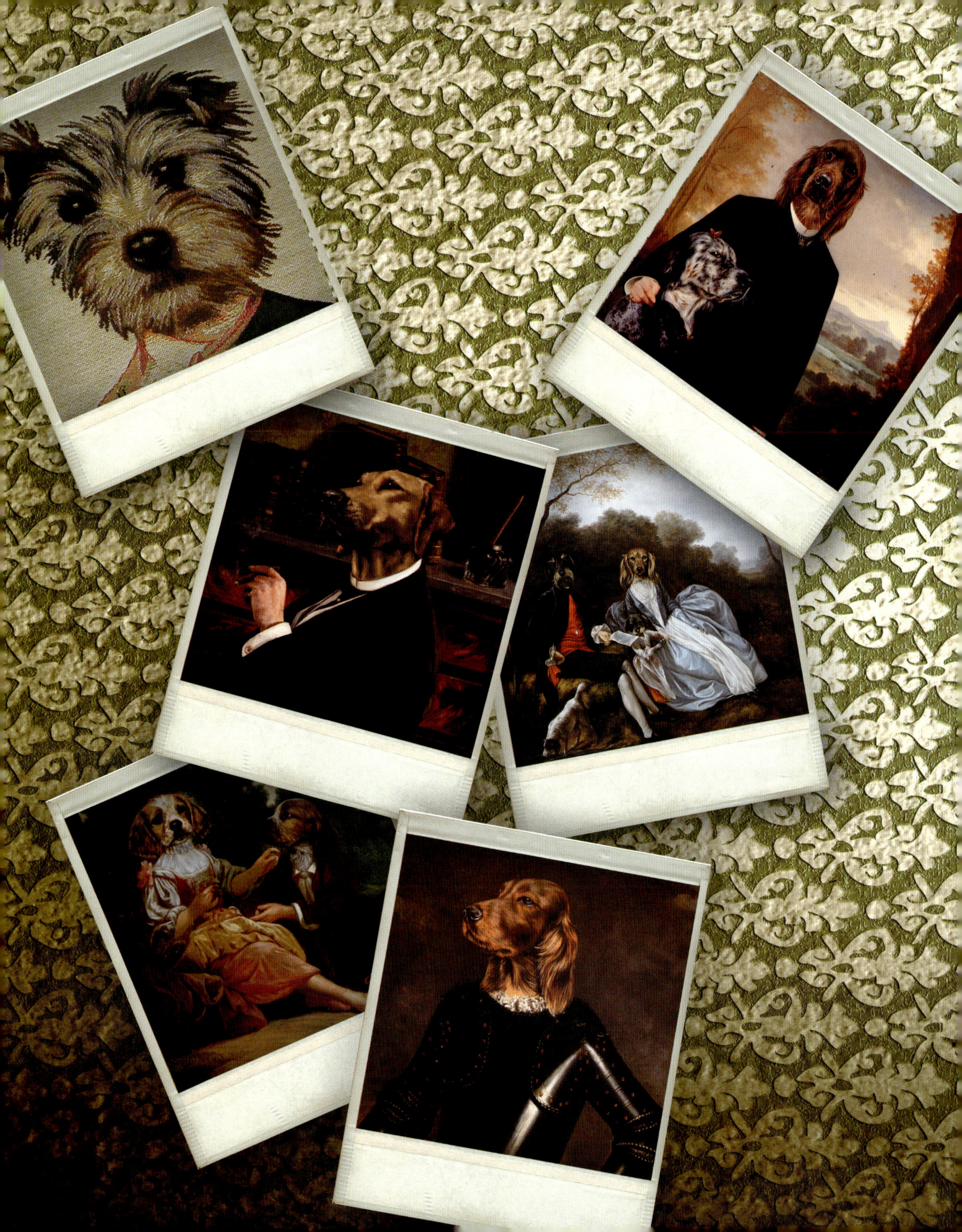

Frank Chambers

"I started out in life as the son of a wealthy nobleman. By the age of twelve, I was poor and alone. Nowadays, I ride as a postman by coach. I take no honour from my work: I don't give a damn whether letters or parcels are delivered on time. Ladies weep tears of joy when news of their sons reach them, girls swoon excitedly when reading a love letter, men swear when they find out that they are summoned. Emotions flourish when I pass. But there is not one for me."

« J'ai débuté ma vie en tant que fils d'un riche aristocrate. À l'âge de douze ans, j'étais pauvre et seul. Aujourd'hui, je suis postier. Je ne tire aucune satisfaction de ce métier : ça m'est complètement égal que les lettres ou les colis arrivent à temps. Les femmes versent des larmes de joie lorsqu'elles reçoivent des nouvelles de leurs fils, les filles se pâment à la lecture d'une lettre d'amour, les hommes jurent lorsqu'ils découvrent qu'ils sont cités à comparaître. Les émotions fleurissent à mon passage. Mais je n'en ressens aucune. »

"Ik begon mijn leven als zoon van een rijke edelman. Een gokverslaafde rijke edelman. Toen ik twaalf werd, was ik arm en alleen. Vandaag rijd ik als postbode met de diligence. Ik haal geen eer uit mijn werk: het zal mij worst wezen of brieven en pakketten op tijd worden afgeleverd. Dames huilen van blijdschap na bericht van hun zonen, meisjes zwijmelen opgewonden bij het lezen van een liefdesbrief, mannen schelden als ze vernemen dat ze worden opgeroepen. Emoties floreren wanneer ik passeer. Maar er is er geen enkele voor mij."

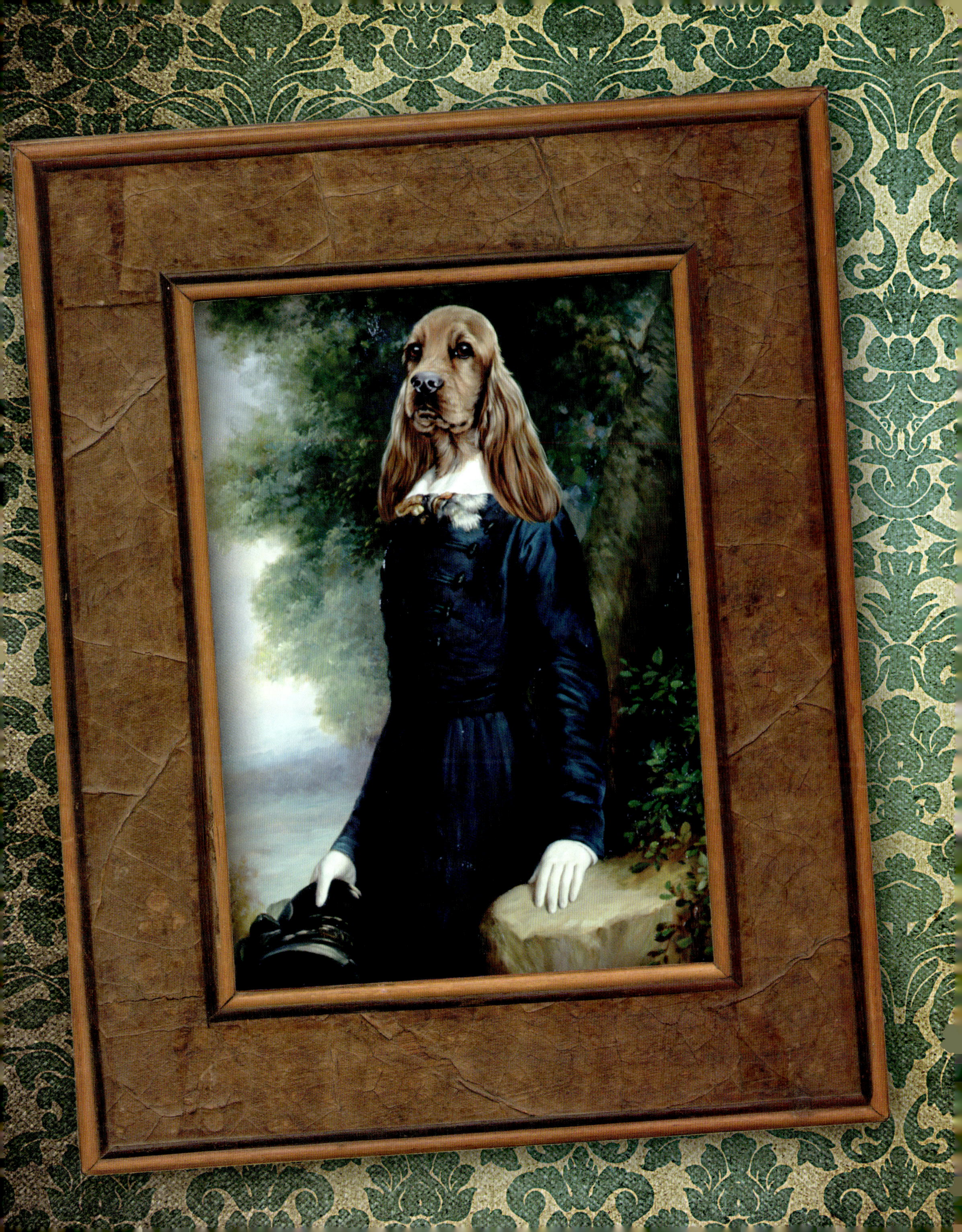

Bassie St. Hubert

"In my essay collection *Quiet waters run deep* I avoid the personal tragedy of my decapitated mother. Mariette St. Hubert (mummy) was innocent, unlike her lover in whose house she was at the wrong time. But nothing about that in my book. It is said that I overcompensate the premature loss of my mother by showing off and acting up. But I have not written anything of the sort. Nevertheless, I do recommend reading *Quiet waters*. Because of its wonderful prose."

« Dans ma collection d'essais *Méfie-toi de l'eau qui dort*, je ne parle pas de la tragédie de ma mère décapitée. Mariette St. Hubert (maman) était innocente, contrairement à son amant – chez qui elle se trouvait au mauvais moment. Mais rien de tout cela dans mon livre. On dit que je surcompense la perte prématurée de ma mère en en faisant des tonnes. Mais je n'ai rien écrit de tel. Néanmoins, je recommande la lecture de *Méfie-toi de l'eau*, car sa prose est magnifique. »

"In mijn essayverzameling *Stille waters, diepe gronden* vermijd ik het persoonlijke drama van mijn onthoofde moeder. Mariette St. Hubert (mama) was onschuldig, in tegenstelling tot haar minnaar in wiens huis ze op het verkeerde moment vertoefde. Maar dus niks daarover in mijn boek. Men fluistert dat ik het voortijdige verlies van mijn moeder overcompenseer door te pochen en een brede borst op te zetten. Maar ook dienaangaande heb ik niets geschreven. Desalniettemin raad ik u toch *Stille waters* aan. Wegens het prachtige proza."

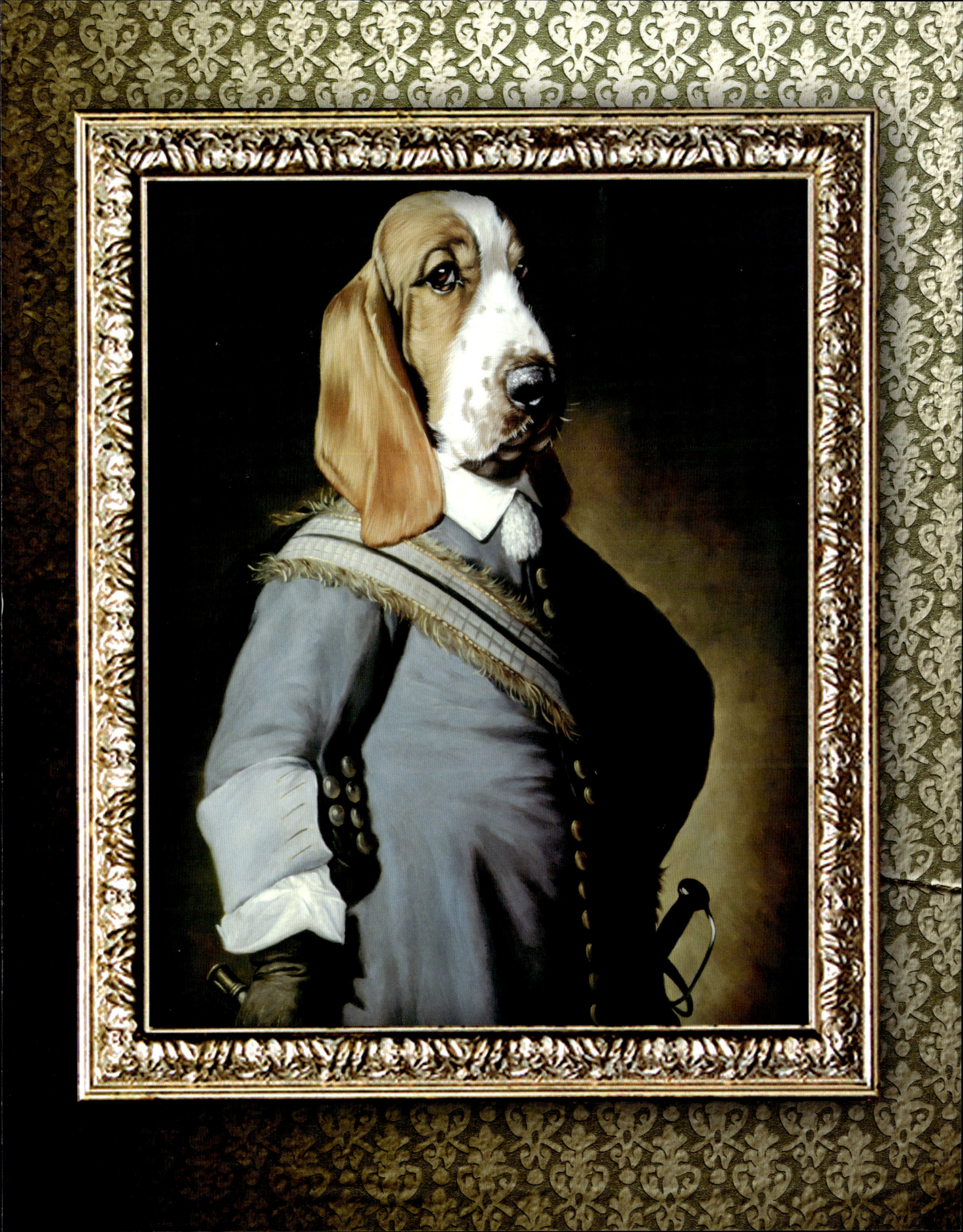

A boy can learn a lot from a dog:
obedience, loyalty, and the importance of turning around three times before lying down.

Robert Benchley

<< Le chien apprend à l'enfant la fidélité, la perseverance et l'obligation de tourner trois fois sur lui-même avant de se coucher. >>

"Een kind kan heel wat leren van een hond: gehoorzaamheid, trouw, en het belang van drie keer rond zijn as te draaien alvorens te gaan liggen."

Acedia

Sloth - La paresse - Luiheid

Laurent Barbotte

"I almost literally ran into Poncelet in the park of Versailles when we both had left the Allée du Mail to urinate. Our shared love for old oak trees turned out to be a great foundation for a wonderful friendship. Barely an hour after our first encounter, Thierry asked me if I would pose for him. Just out of view, to the right of my portrait, is the great oak tree of Champ de Juillet in Limoges. As a ssssilent tribute."

« Je suis presque littéralement tombé sur Poncelet dans les jardins de Versailles alors que nous quittions tous les deux l'Allée du Mail pour uriner. Notre passion commune pour les vieux chênes s'est avérée la base solide d'une belle amitié. À peine une heure après notre première rencontre, Thierry m'a demandé de poser pour lui. En arrière-plan, à droite de mon portrait, on aperçoit le grand chêne du Champ de Juillet à Limoges. Sorte d'hommage sssssilencieux. »

"Ik liep mijnheer Poncelet bijna letterlijk tegen het lijf in het park van Versailles toen we beiden de Allée du Mail hadden verlaten om te plassen. Onze gedeelde voorliefde voor oude eiken bleek een stevige basis voor een mooie vriendschap. Nauwelijks een uur na onze eerste ontmoeting vroeg Thierry me of ik voor hem wilde poseren. Net buiten beeld, rechts van mijn portret, staat de grote eik uit de Champ de Juillet in Limoges. Als sssstil eerbetoon."

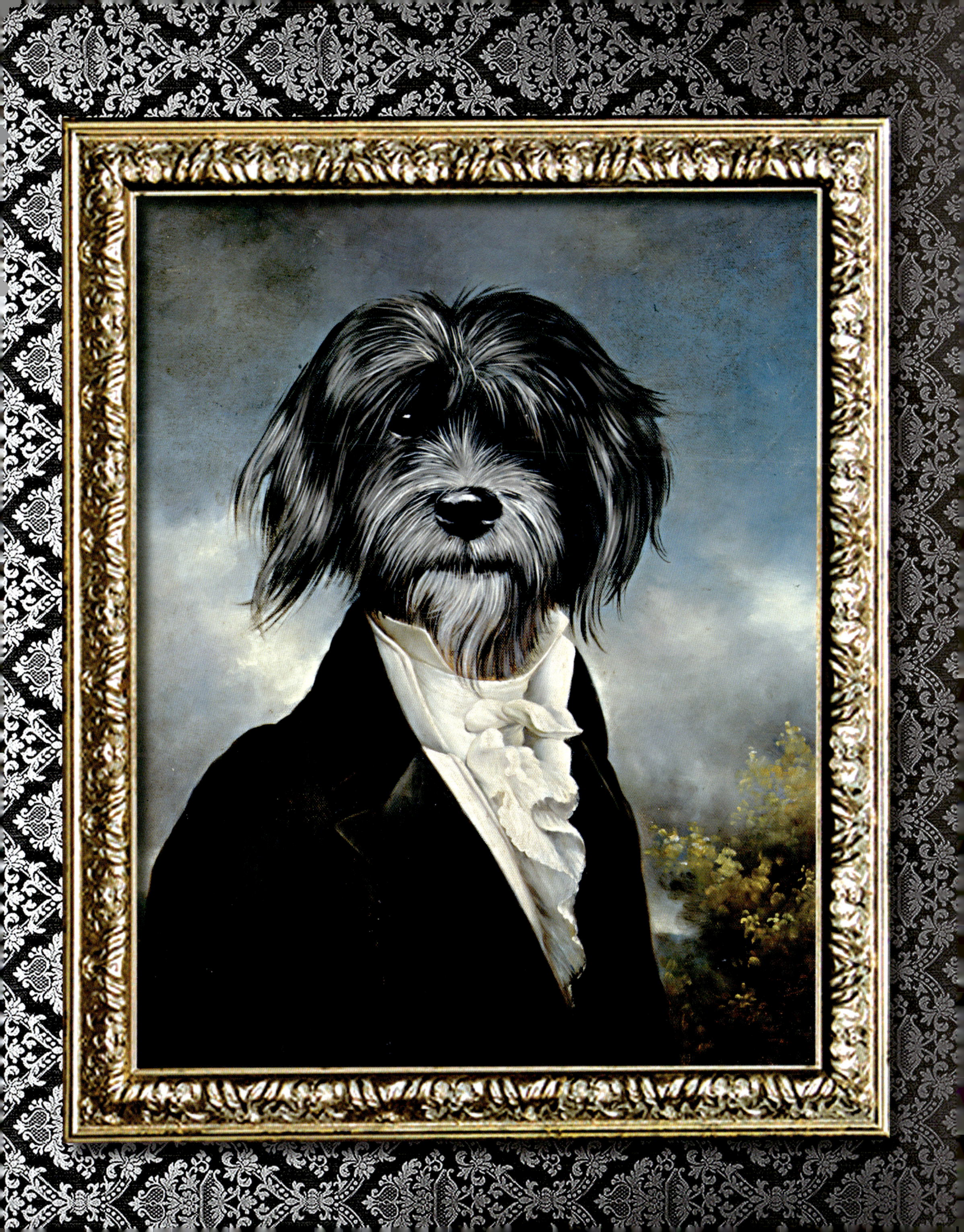

Pavel Pjatigorski

"I got my first cello when I was five. People often wondered where the instrument was taking me. I played in bars in Kiev, Minsk and St. Petersburg, until Ivana Achmatova, a beautiful redheaded dancer, noticed me in the latter city. Head over heels in love, we travelled around the world with her father's money. Nowadays, the money is gone, and I have lost the girl and my good looks. And it has become difficult to play the cello with my trembling hands. Luckily the vodka still tastes great."

« J'ai eu mon premier violoncelle lorsque j'avais cinq ans. Les gens se demandaient souvent où cet instrument pouvait bien m'emmener. J'ai joué dans des bars de Kiev, Minsk et St Petersbourg, jusqu'à ce qu'Ivana Achmatova, une belle danseuse aux cheveux roux, me remarque. Éperdument amoureux, j'ai parcouru le monde avec elle, grâce à l'argent de son père. Aujourd'hui, l'argent a disparu et j'ai perdu la fille et mon allure. J'ai de plus en plus de mal à jouer au violoncelle avec mes mains tremblantes. Heureusement, la vodka est toujours aussi bonne. »

"Mijn eerste cello kreeg ik toen ik vijf was. Mensen vroegen zich regelmatig af waar dat instrument met mij naartoe ging. Ik speelde in cafés in Kiev, Minsk en Sint-Petersburg, tot ik in die laatste stad werd opgemerkt door Ivana Achmatova, een prachtig roodharig danseresje. Stapelverliefd reisden we de wereld rond met haar papa's centen. Vandaag is het geld op, het meisje en mijn puike voorkomen ben ik kwijt. En met mijn trillende handen lukt het cello spelen ook niet meer goed. Gelukkig smaakt de wodka nog."

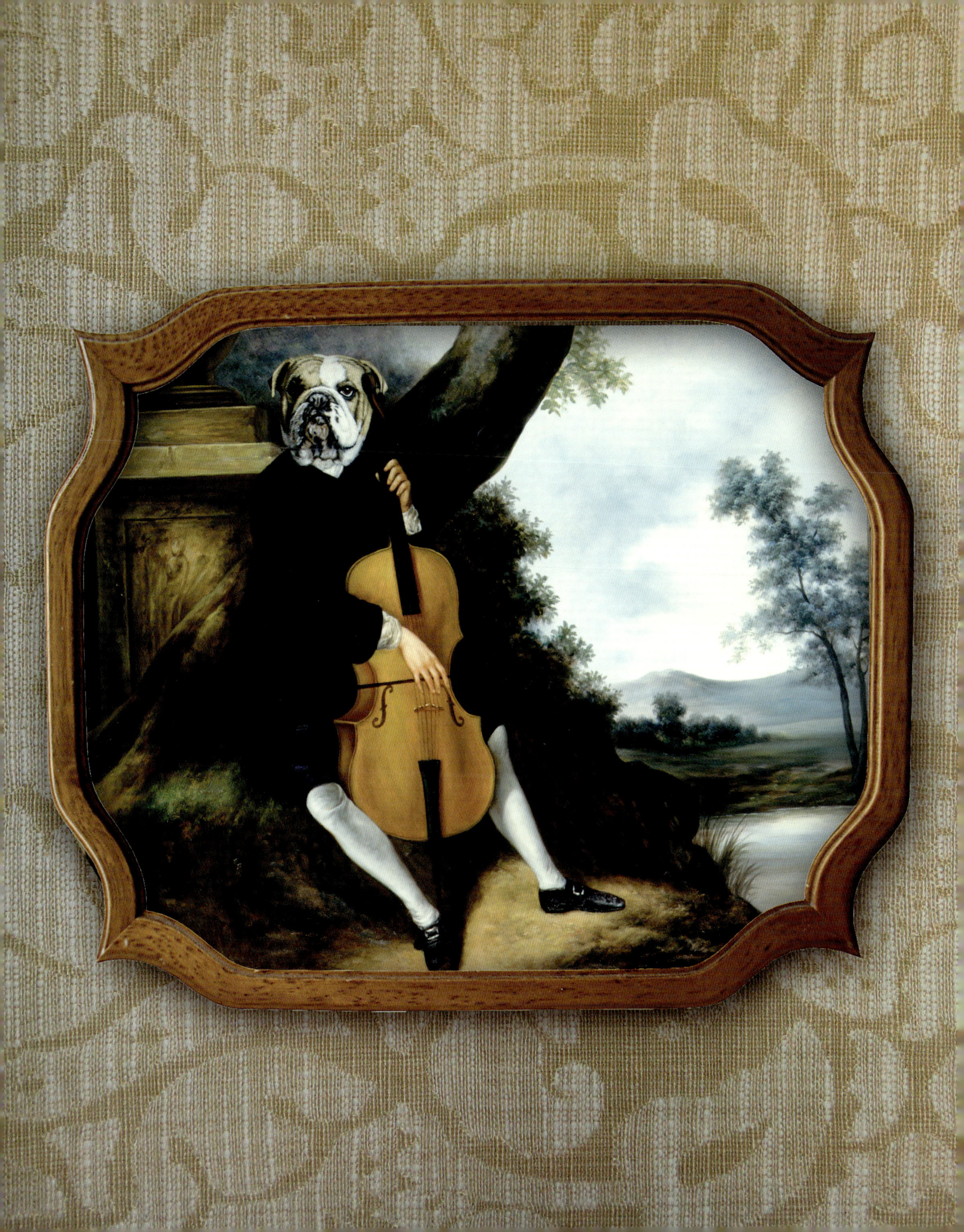

Jackson Jackson & Mommy

"Behind every great man is a woman. Right? Although as Minister of Employment I value my independence, I am very fond of my mummy. Every now and then I have loose relationships, but they always run into a brick wall. Bizarre, because I still reside in the delightful Hotel Mama. Daily great food, good advice before going to bed, and every morning my cleaned suits ready in the bathroom. It's strange that women can't appreciate that."

« Derrière chaque grand homme, il y a une femme. N'est-ce pas ? Bien qu'en tant que ministre de l'environnement, j'apprécie mon indépendance, je dois dire que j'aime beaucoup maman. De temps en temps, j'ai des histoires faciles mais elles finissent toujours en eau de boudin. C'est étrange, parce que j'habite toujours au merveilleux Hôtel Mama. Bons petits plats, bons conseils avant d'aller au dodo, et chaque matin, un costume propre qui m'attend dans la salle de bains. Je ne comprends pas qu'une femme ne sache pas apprécier cela. »

"Achter elke belangrijke man staat een sterke vrouw. Zo is het toch? Hoewel ik als minister van Werkgelegenheid erg sta op mijn onafhankelijkheid, ben ik gehecht aan mijn moeke. Af en toe heb ik losse relaties, maar die lopen telkens tegen een muur aan. Bizar, want ik vertoef nog in de zaligheid van Hotel Mama. Dagelijks gezonde kost, goede raad voor het slapengaan, en elke ochtend een schoongewassen tenue dat klaarligt in de badkamer. Vreemde vrouw die daar niet voor valt."

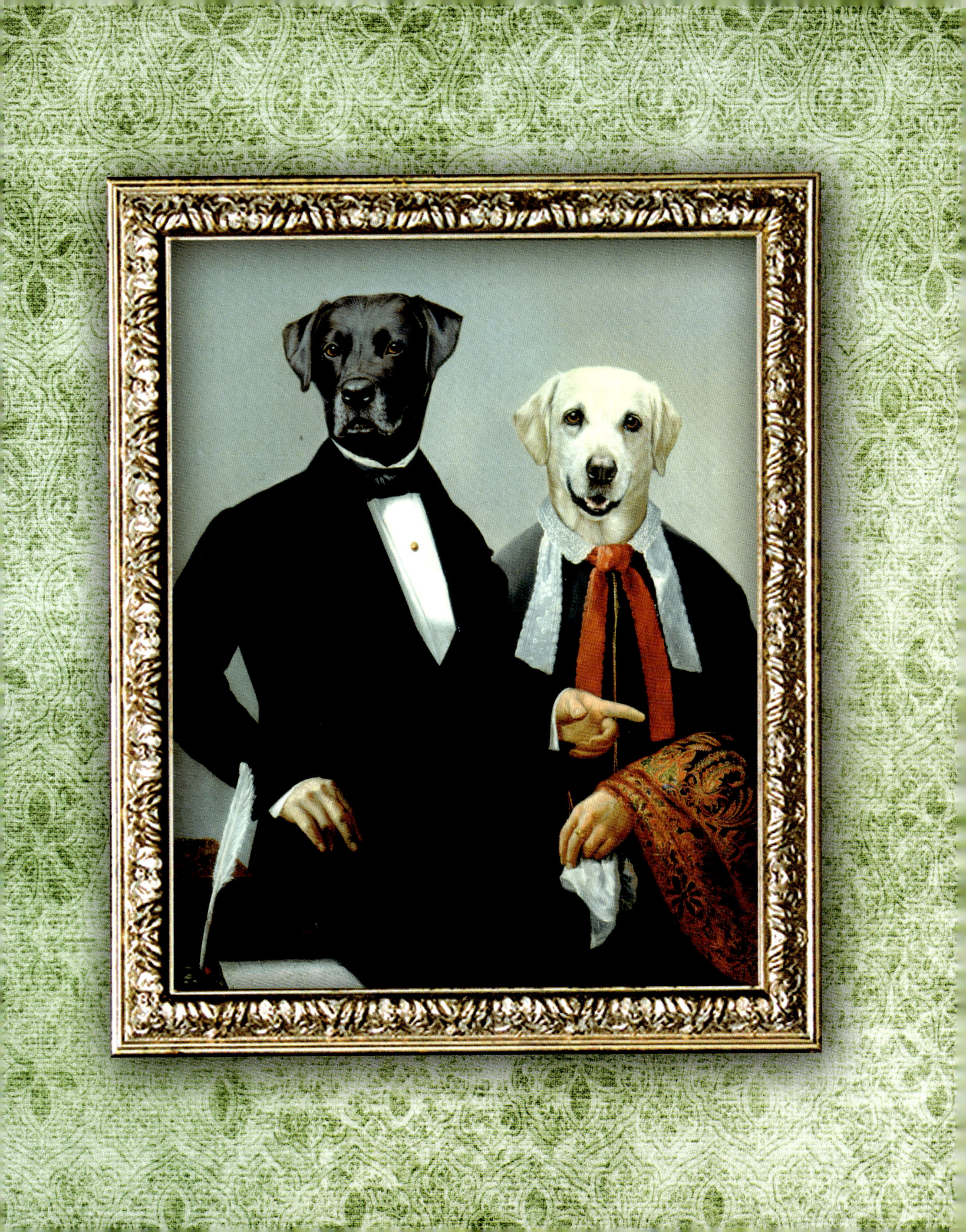

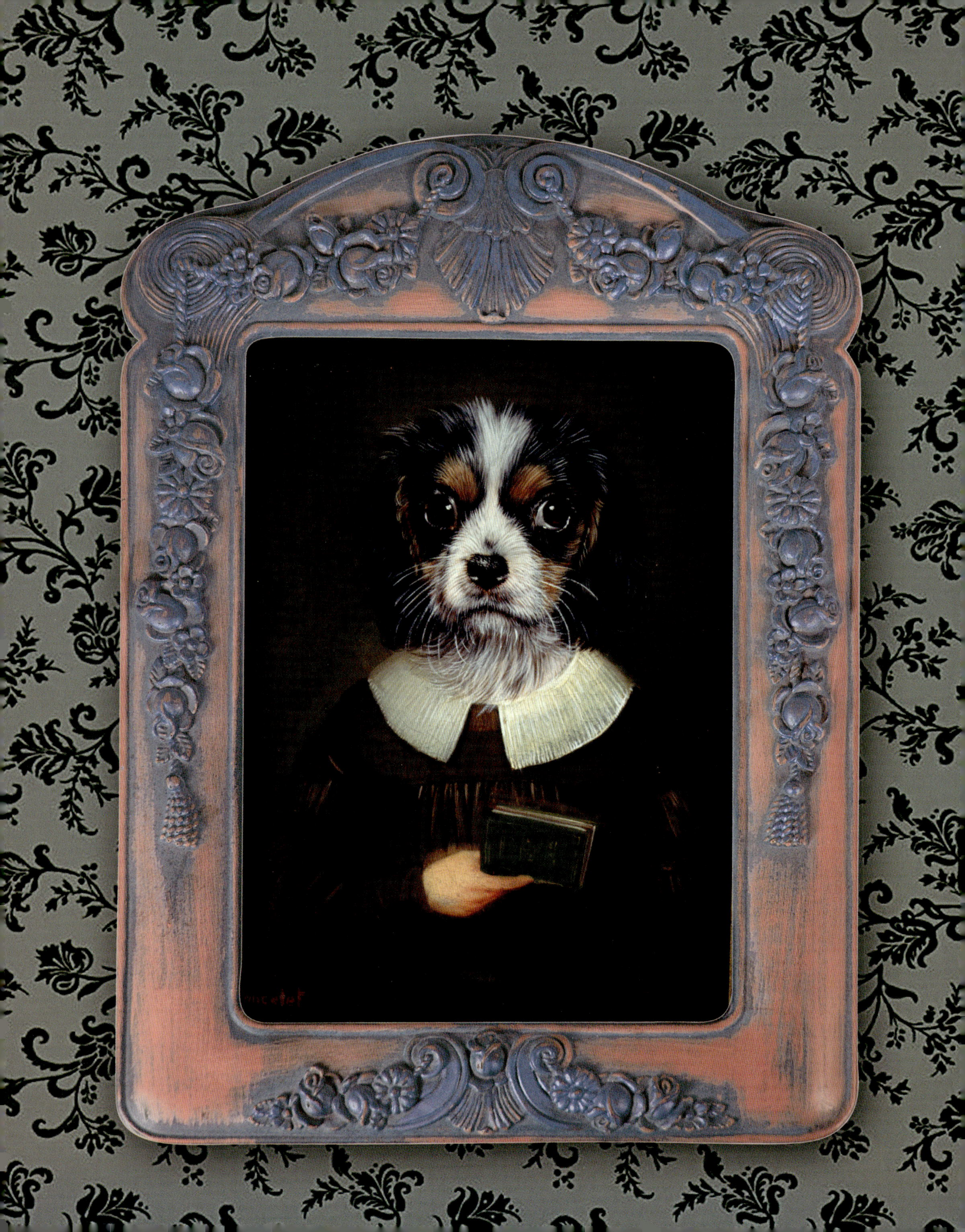

Apolinar Fontaine

"My name is Apolinar, but they call me Crusoe. I don't quite know why. Maybe because I drift off? Or because I am always daydreaming? I once dreamed that I was a musketeer and married a fat blonde who looked a lot like dad's new wife. When mum heard this, she got upset and made me go see a doctor. But then I dreamed that I was a doctor, and could look underneath girls' skirts. Ever since, mother keeps me home. Although I'm always somewhere else…"

« Je me prénomme Apolinar, mais on m'appelle Crusoë. J'ignore pourquoi. Est-ce parce que je pique du nez ? Ou parce que je suis toujours dans la lune ? Une fois j'ai rêvé que j'étais mousquetaire et que j'avais épousé une grosse blonde qui ressemblait étrangement à la femme de mon père. Quand ma mère a entendu ça, elle s'est énervée et m'a envoyé voir un docteur. Mais alors j'ai rêvé que j'étais médecin et que je pouvais regarder sous les jupes des filles. Depuis lors, maman me garde à la maison. Mais je suis toujours ailleurs… »

"Mijn naam is Apolinar, maar ze noemen me Crusoe. Ik weet niet goed waarom. Misschien omdat ik nooit bij de les ben? Of omdat ik steeds in mijn gedachten verdwaal? Ik droomde eens dat ik een musketier was en trouwde met een dikke blondine, die heel erg leek op papa's nieuwe vrouw. Toen mama dat hoorde, was ze boos en moest ik met een dokter praten. Maar dan droomde ik dat ik dokter was, en onder de rokken van de meisjes kijken mocht. Sindsdien houdt mama me thuis. Al ben ik altijd ergens anders…"

Daniel Dandylion

"I have never understood why portrait painters ask their models to place a hand in their jackets. It makes me aware of my own body: I feel every bone of my backside eerily precise, touching the adaptable stool; I feel the ba-ba-boom of my heart and the rushing currents of my blood in the tips of all my extremities. With buzzing ears and tingling fingers, I want nothing more than to run away, quickly quickly and without looking back. But I am nailed to the chair, motionless, and only stir my eyes, which mechanically but with painful precision absorb the room."

« Je n'ai jamais compris pourquoi les portraitistes demandent à leurs modèles de mettre une main dans leur veste. Cela me fait prendre conscience de mon propre corps : je sens avec une précision étrange chaque os de mon fessier toucher le tabouret ; je sens le badaboum de mon cœur et le sang couler dans mes veines jusqu'à chaque extrémité. Mes oreilles bourdonnent et mes doigts picotent, je n'ai qu'une envie c'est m'enfuir, vite, vite sans me retourner. Mais je suis cloué à la chaise, immobile, et ne fais que remuer les yeux qui, avec une précision mécanique mais douloureuse, absorbent toute la pièce. »

"Ik heb nooit begrepen waarom portretschilders modellen vragen hun hand in hun vest te stoppen. Het maakt me bewust van mijn eigen lichaam: ik voel elk bot van mijn zitvlak akelig precies de verstelbare melkkruk raken, ik voel het ge-ba-ba-bom van mijn hart en het ruisende stromen van mijn bloed tot in al mijn uiteinden. Met suizende oren en tintelende vingers wil ik niets liever dan wegrennen, snel snel en zonder omkijken. Maar ik ben aan de stoel genageld, onbeweeglijk, en verroer enkel mijn ogen, die met mechanische maar pijnlijke precisie de kamer in zich opnemen."

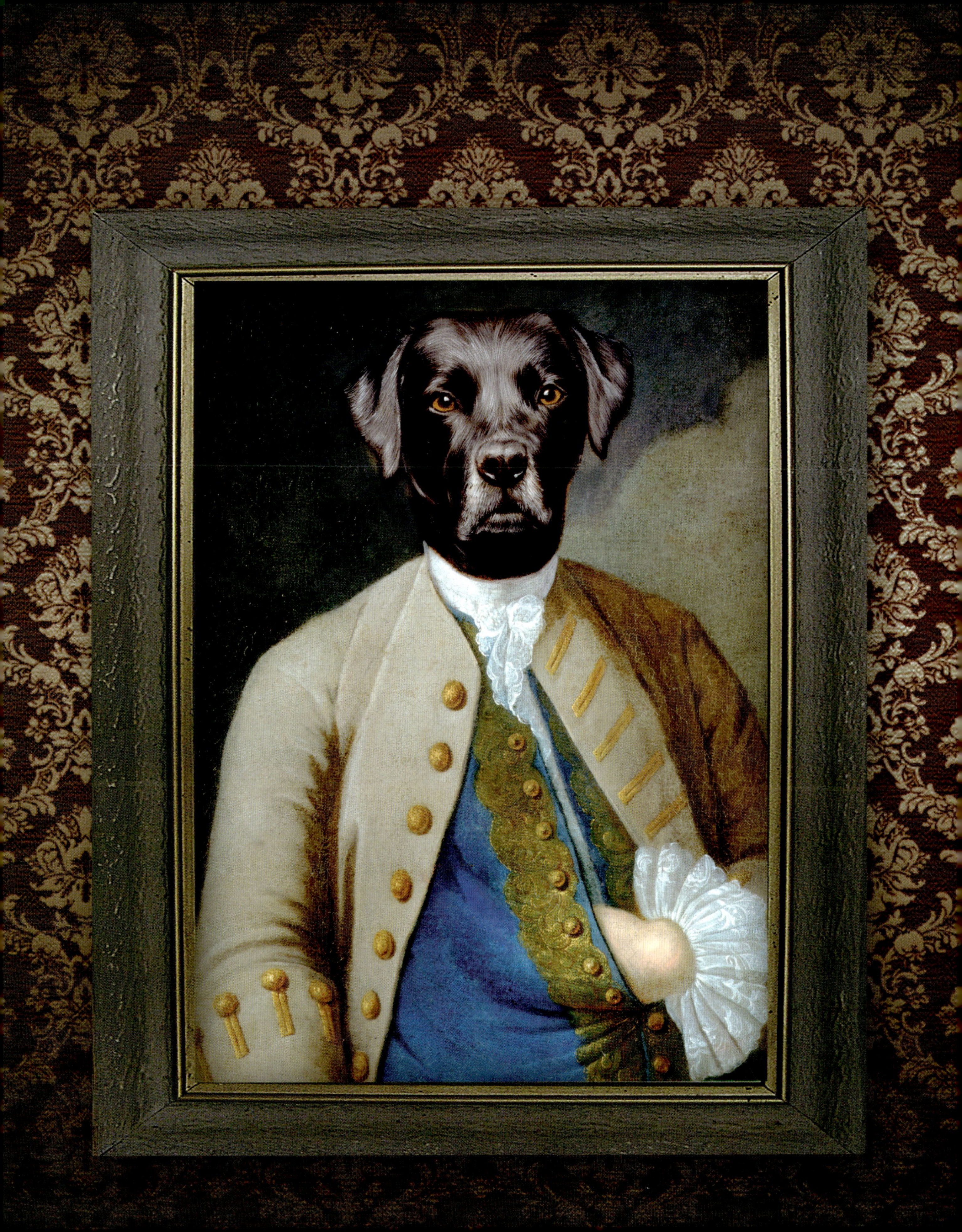